CONTEÚDO QUE VENDE

JORNALISMO DE MARCA NO BRASIL

Catalogação na Fonte
Elaborado por: Dayanne Leal Souza
Bibliotecária CRB 9/2162

Rubim, Michelle Matos
R896c Conteúdo que vende: jornalismo de marca no Brasil / Michelle Matos
2025 Rubim. - 1. ed. - Curitiba: Appris, 2025.
137 p. ; 23 cm. - (Coleção Ciências da Comunicação).

Inclui referências.
ISBN 978-65-250-7248-7

1. Jornalismo de marca. 2. Práticas jornalísticas. 3. Modelos de negócios.
I. Rubim, Michelle Matos. II. Título. III. Série.
CDD - 655

Livro de acordo com a normalização técnica da ABNT

Appris editora

Editora e Livraria Appris Ltda.
Av. Manoel Ribas, 2265 - Mercês
Curitiba/PR - CEP: 80810-002
Tel. (41) 3156 - 4731
www.editoraappris.com.br

Printed in Brazil
Impresso no Brasil

Michelle Matos Rubim

CONTEÚDO QUE VENDE

JORNALISMO DE MARCA NO BRASIL

Appris editora
Curitiba, PR
2025

AGRADECIMENTOS

Desde o princípio desta jornada, questionei-me sobre as coincidências e sincronicidades que me guiaram. Da faísca inicial até a conclusão deste livro, sinto-me grata pelas pessoas e momentos que suavizaram o caminho.

À minha orientadora, Ivanise Hilbig de Andrade, por sua receptividade, orientação e fé neste projeto, minha profunda gratidão.

Agradeço aos meus pais, Humberto Matos e Carmem Silva, por acreditarem na educação como propulsora de mudanças e pelo incentivo à leitura, e ao meu amor, Tiê Rubim, pela parceria e presença, capaz de ser apoio nas mais diferentes formas.

Aos meus amigos e colegas, que contribuíram direta ou indiretamente para este trabalho, meus mais sinceros agradecimentos, em especial a Rafael Lemos, pela assistência generosa na coleta e organização dos dados.

Aos professores da Universidade Federal da Bahia, por guiarem minhas primeiras pesquisas em jornalismo de marca, comunicação estratégica e discursos midiáticos, em nome de Adriano Oliveira, Claudiane Carvalho e Giovandro Ferreira.

Aos mais que mestres Linda Rubim e Albino Rubim, agradeço pelos aprendizados que ultrapassaram a vida acadêmica. Agradeço também aos colegas do Centro de Estudo e Pesquisa em Análise do Discurso e Mídia (Cepad), pelas contribuições no âmbito desse estudo.

A todos, aos que cabem nestas linhas e àqueles que as transcendem, e que com gestos singelos acariciaram esta obra, compartilho a felicidade deste instante.

APRESENTAÇÃO

O século XXI se descortinou como excelente ambiente para ascensão das marcas por meio do surgimento de novas tecnologias, o mercado mais receptivo por novidades de lançamentos e a proliferação de novas mídias. Tal fato ampliou o investimento em publicidade digital, com destaque para o *marketing* de conteúdo, onde se insere o jornalismo de marca. As mudanças geraram uma tensão ainda maior entre os pesquisadores de comunicação. O crescimento tanto da publicidade nativa, *native advertising*, quanto do conteúdo de marca, *branded content*, tem levantado discussões. As empresas de mídia encaram a dura realidade de redução de investimentos publicitários tradicionais e uma concorrência ainda mais acirrada a partir tanto da existência de novas empresas tecnológicas que produzem conteúdo, quanto da entrada de novas formas de conteúdos para disputar a atenção do leitor — as publicidades nativas em formato noticioso.

Atenta ao aumento do uso das técnicas jornalísticas no marketing de conteúdo, especialmente a partir das redações da mídia tradicional, iniciei uma pesquisa com o objetivo de mapear as práticas de jornalismo de marca nos principais veículos noticiosos do Brasil, com ênfase nos Estúdios. Compreendo o jornalismo de marca como a prática que emprega ferramentas, técnicas e, frequentemente, princípios e formatos do jornalismo para alcançar o reconhecimento dos clientes e fortalecer o relacionamento entre a marca e a sociedade, sob uma perspectiva institucional e mercadológica. Nesse contexto, na tentativa de não promover distinções conceituais entre os termos, os Estúdios, assim como os *Labs* ou *Hubs*, são considerados aqui espaços criados por organizações de notícias com o propósito de produzir conteúdo para clientes em potencial, utilizando os próprios canais para divulgação deles.

Tal interesse surgiu a partir de um discernimento de que, com uma frequência ainda maior, as marcas passam a produzir conteúdo não apenas em suas próprias mídias ou por meio das assessorias de imprensa, mas através dos Estúdios de *Branded Content* dos meios de comunicação tradicionais existentes em diversos jornais brasileiros desde 2014, a exemplo do *Folha de S. Paulo, O Globo* e *O Estado de São Paulo* e internacionais como *The New York Times* e *The Washington Post*. Isso se dá devido ao fato de que as empresas de comunicação têm implementado estratégias para ampliar a produção de conteúdos de marcas, o que pode ser observado em estudos a partir da realidade de países como Estados Unidos, Inglaterra, Alemanha, Israel, Noruega, Espanha, Suécia, Índia e Brasil.

Nesse sentido, a separação entre as atividades comerciais e editoriais das empresas midiáticas tem suas linhas borradas mais uma vez pelo aumento da produção de conteúdos, ora para jornalismo, ora para publicidade, a partir das redações. Surge neste contexto uma discussão ética sobre o princípio da independência editorial, que parece estar a desaparecer, assim como a alusão a um muro invisível que separava as editorias, a relação Igreja-Estado, aqui como metáfora para a relação entre notícias e negócios, que ditava essa separação como quase indiscutível. Nesse sentido, surgem discussões que nos levam a questões sobre mídia, ética e seus efeitos.

Para tanto, inicialmente fiz uma revisão teórica da noção de jornalismo de marca, a partir de autores estrangeiros e brasileiros. A metodologia empregada para estudar o tema no contexto brasileiro é qualitativa-descritiva, envolvendo o levantamento de veículos de comunicação do país, com base em dados de veículos auditados pelo Instituto Verificador de Comunicação (IVC), em 2022, totalizando 42 jornais. Realizei, ainda, pesquisas exploratórias, coleta de dados por meio de formulários e entrevistas semiestruturadas com profissionais desses veículos e seus respectivos Estúdios.

Com essa escrita reforço o entendimento de que os Estúdios ou *Labs* aproveitam a validação e a credibilidade inerentes ao jornalismo, posicionando-se em uma perspectiva de comercialização. Nesse contexto, não apenas incorporam práticas jornalísticas, mas também aproveitam da posição singular no ecossistema midiático, alavancam o prestígio e a confiabilidade acumulados pelo jornalismo e usam sua reputação para ampliar a eficácia comercial, impactando tanto a produção de notícias quanto a promoção de marcas. Se por um lado os Estúdios podem fortalecer as receitas das empresas de mídia, ao mesmo tempo podem diluir os princípios da autonomia editorial dos veículos e afetar a produção de notícias.

A autora

PREFÁCIO

Jornalismo de marca é jornalismo? Tal questão tem mobilizado a atenção de pesquisadores brasileiros há pelo menos uma década, quando os primeiros jornais começam a criar, dentro de suas redações, setores e equipes exclusivamente para a produção de conteúdo sobre e para marcas. Tal fenômeno surge atrelado a mudanças nas redações, com redução de equipes e adaptação ao digital, além do aumento de investimentos em publicidade digital pelos anunciantes.

Michelle Rubim não discute exatamente se a prática deve ou não deve ser considerada jornalismo, mas como o fenômeno se configura no Brasil. Após mapear e analisar 40 jornais brasileiros com maior circulação, de todas as regiões do país, a autora apresenta um panorama inédito das práticas do jornalismo de marca brasileiro. A pesquisadora verificou a presença ou não de *hubs* ou estúdios, a utilização de equipes exclusivas para confecção do produto e como os profissionais entendem o tipo de conteúdo que produzem. Por meio de levantamento e cruzamento de dados, questionários e entrevistas em profundidade, ela identificou três tipos de práticas: independente, híbrida e complementar.

Em *Conteúdo que vende: jornalismo de marca no Brasil*, jornalismo de marca é entendido como o conteúdo em formato jornalístico produzido pelos veículos midiáticos noticiosos para fins de promoção de marcas. Com isso, percorremos cada página com a percepção de que não se trata, de fato, de um fenômeno novo, mas que se reconfigura na atual ambiência de midiatização profunda da sociedade. De um lado, veículos jornalísticos em busca de sustentabilidade financeira, de outro, marcas e empresas em busca de maior presença entre seu público, a partir do compartilhamento de conteúdo que se aproxime mais da abordagem jornalística do que de publicidade.

Com um levantamento bibliográfico robusto, Michelle Rubim recupera definições de jornalismo de marca dos principais autores brasileiros e estrangeiros para então propor uma conceituação própria. Para ela, jornalismo de marca é uma prática de produção de conteúdo para marcas feita por equipes dos jornais e utilizando técnicas e ferramentas do jornalismo.

A pesquisa passeia por todos os estados brasileiros, partindo do banco de dados do IVC e culminando com entrevistas em profundidade com editores e coordenadores dos setores e equipes de empresas de mídia e *marketing* que estão produzindo *branded content* no Brasil. O resultado é uma importante contribuição aos pesquisadores do campo, que podem utilizar o mapeamento como um parâmetro para seguir em análises mais detalhadas ou abordagens mais específicas, como análises discursivas, questões éticas, modelos de negócios. O livro nos presenteia com novos olhares para o fenômeno e para os debates que emergem a partir dele, sobretudo acerca da independência editorial entre a redação e o s a, jornalismo de marca é uma prática etor comercial. Para as marcas, é evidente o valor que o jornalismo agrega ao produto ou serviço por conta da credibilidade conquistada em décadas de atuação no mercado editorial.

Voltamos então à pergunta inicial: Jornalismo de marca é jornalismo? Sim, se pensarmos que contar boas histórias é o coração do jornalismo, é a maneira mais efetiva de informar e conquistar os leitores. As marcas aprenderam isso muito bem. Para elas, contar boas histórias é o modo mais efetivo de falar com os consumidores. E mais, se o jornalismo feito para as marcas incorpora técnicas de apuração, redação e edição do jornalismo, por esse prisma, pode ser entendido como jornalismo. O que está em questão, aqui, são as finalidades. O conteúdo jornalístico feito para as marcas tem, fundamentalmente, a função de persuasão, de convencimento, seja para consumo de um produto ou de uma ideia, de um valor, de um conceito. A marca tende a aparecer quase que de forma orgânica, ou mesmo nem ser mencionada no conteúdo, as táticas da persuasão para o jornalismo de marca podem soar sutis. Segundo a autora, a persuasão estaria nesse contexto como uma espécie de conquista.

A contribuição desta obra é nos mostrar que, sim, veículos noticiosos estão produzindo jornalismo de marca no Brasil. O que faremos com essa informação? Como um fenômeno em expansão na ambiência midiática brasileira, o que nos resta? Regulamentar. Essa é uma das principais conclusões de Michelle Rubim. Há que se criar regras para identificar melhor os textos e conteúdos que são feitos para as marcas, uma vez que a falta de *tags* ou a não padronização impede que as pessoas saibam o que exatamente estão consumindo em termos de informação.

Os desafios estão postos: empresas jornalísticas estão cada vez mais em busca de novas fontes de financiamento para garantir a sustentabilidade;

marcas estão precisando prestar contas, atrair mais consumidores, aprimorar a comunicação organizacional. Com esse cenário, agora é saber como os atores estão jogando, como as peças estão se movimentando. Esperamos que seja com ética, com verdade, com transparência e com respeito ao leitor e ao público consumidor.

Profa. Dra. Ivanise Hilbig de Andrade

Jornalista e doutora em Comunicação e Cultura Contemporâneas, docente na Faculdade de Comunicação da UFBA

SUMÁRIO

1

JORNALISMO DE MARCA: UM CONCEITO EM CONSTRUÇÃO

Para além dos palcos discursivos, as definições nos ajudam a entender como as práticas são elencadas, uma categorização de atividades que vão moldando a compreensão sobre aquilo que se propõe. Entendo o jornalismo de marca como a produção de conteúdo para marcas que utiliza ferramentas e profissionais do jornalismo. Embora as definições teóricas dos pesquisadores possam variar, as práticas observadas mostram similaridades. Nos estudos de diversos autores[1] foram encontradas menções a "*Branded journalism*", "*brand journalism*", "*branded content*", "jornalismo de marca" e "jornalismo patrocinado".

Nos últimos dez anos, os editores de notícias têm reorganizado suas redações e criado equipes para produzir conteúdo financiado por marcas ou outras fontes, resultando em uma mistura entre o editorial e a publicidade. Essa prática de publicidade que se assemelha ao conteúdo editorial já existia antes da era digital, mas agora as marcas estão cada vez mais envolvidas na produção de conteúdo de marca que é hospedado pelos editores[2]. Isso inclui diferentes práticas e estratégias como conteúdo pago, conteúdo patrocinado, publicidade nativa, publicidade programática nativa, jornalismo de marca, recomendação de conteúdo e *clickbait*. Para Hardy[3], essas atividades estão transformando as práticas jornalísticas e gerando debates críticos sobre como isso afeta os objetivos e o desempenho do jornalismo, além de levantar questões sobre o controle e influência dos profissionais de *marketing* nos espaços de comunicação.

Enquanto termo, *branded journalism* geralmente se refere ao conceito criado em 2004 por Larry Light, CMO do *McDonald's*, que acreditava ser uma forma multidimensional de criar histórias para marcas[4]. Em 2013, Andy

---

[1] Ver Araújo (2019), Arrese, Pérez-Latre (2017), Bueno (2020), Bull (2013), Carvajal e Barinagarrementeria (2021), Figueiredo (2015) Hardy (2017), Lehto e Moisala (2014) e Light (2014).

[2] HARDY, Jonathan. *Branded content*: the fateful merging of media and marketing. Routledge, 2021.

[3] *Ibid, loc. cit.*

[4] LIGHT, Larry. Brand journalism is a modern marketing imperative. *Advertising Age*, 2014. p. 121.

Bull publicou um manual[5] para a utilização das técnicas de jornalismo para marcas se comunicarem diretamente com seus públicos e definiu: "jornalismo de marca é uma forma híbrida de jornalismo tradicional, *marketing* e relações públicas"[6].

Entendo o jornalismo de marca como a prática que utiliza ferramentas, técnicas e, muitas vezes, princípios e formatos do jornalismo para conquistar reconhecimento dos clientes e fortalecer o relacionamento entre marca e sociedade, em uma perspectiva institucionalizada e mercadológica. Entre os objetivos buscados pelas marcas está o de alcançar a credibilidade, influência e engajamento na mídia, especialmente em ambientes digitais "com conteúdos claramente diferenciados dos conteúdos publicitários, de relações públicas ou de marketing de conteúdo"[7].

Conforme Figueiredo[8], o jornalismo de marca, também conhecido como jornalismo de imagem ou jornalismo empresarial, surge da interseção entre o jornalismo e o *marketing*, e tem experimentado um crescimento significativo nos últimos tempos, na medida em que as empresas compreendem os benefícios de promover suas próprias imagens e marcas. A estratégia de contar histórias se revela como uma das formas mais efetivas de se comunicar com os clientes, levando várias empresas a criar e disseminar conteúdo jornalístico autêntico e confiável, buscando conquistar a confiança do público. Para o autor, os *blogs* corporativos despontam como a manifestação mais comum do jornalismo de marca, com algumas empresas substituindo até mesmo os tradicionais comunicados à imprensa por notícias divulgadas em seus próprios portais, que posteriormente são acessadas pelos veículos de mídia. Outras organizações, por sua vez, aproveitam suas plataformas para estabelecer relações de confiança com os consumidores, gerando potenciais negócios (*leads*) e fortalecendo sua imagem de marca.

---

[5] O livro *Brand Journalism* (Bull, 2013) é definido como o primeiro guia prático e abrangente para esta forma híbrida de jornalismo tradicional, *marketing* e relações públicas.

[6] BULL, Andy. *Brand journalism*. Routledge, 2013. p. 12, tradução nossa.

[7] ARRESE, Ángel; PÉREZ-LATRE, Francisco J. 2.4 The Rise of Brand Journalism. *In:* SIEGERT, Gabriele, VON RIMSCHA, M. Bjørn, GRUBENMANN, Stephanie. *Commercial Communication in the Digital Age: Information or Disinformation?* Berlin, Boston: De Gruyter Saur, 2017. https://doi.org/10.1515/9783110416794. p. 123, tradução nossa.

[8] FIGUEIREDO, António Dias. À descoberta do Jornalismo de nova geração. *In:* PEIXINHO, Ana Teresa; CAMPONEZ, Carlos; VARGUES, Isabel Nobre; FIGUEIRA, João. *20 Anos do Jornalismo contra a indiferença.* Coimbra: Imprensa da Universidade de Coimbra, 2015.

Jonathan Hardy[9] categoriza as diferentes modalidades de *branded content*, conteúdo de marca, em três áreas principais. O primeiro, a *owned media* ou mídia própria, é onde as marcas produzem seu próprio conteúdo ou em canais nas redes sociais; o segundo é a distribuição de conteúdo pago, *paid content* – anúncios integrados em páginas da web, investimentos para ter um alcance em um canal digital, incluindo empresas de recomendação de conteúdo como *Outbrain* e *Taboola* – formatos de publicidade em que os profissionais de *marketing* exercem controle sobre a comunicação; e o terceiro, *by publishers* – material hospedado ou feito por editores, onde está situado o jornalismo de marca, em que os profissionais de *marketing* podem pagar pelo conteúdo e não exercer o controle editorial total[10]. O segundo e terceiro tipo de conteúdo descrito pelo pesquisador são incluídos nas categorias de publicidade nativa[11].

Em meio às discussões que tratam de publicidade nativa, *marketing* de conteúdo, jornalismo de marca, entre outros termos com práticas semelhantes, Wang e Li[12] relacionam as distinções entre o hibridismo comercial, sendo jornalismo de marca como divulgação de conteúdo de marca em plataformas corporativas ou em canais de terceiros[13] e o *marketing* de conteúdo mais focado em criação de conteúdo digital para adquirir clientes[14].

Além do mapeamento do jornalismo de marca brasileiro, trago uma abordagem sobre as práticas produtivas do jornalismo de marca a partir das redações, práticas encontradas e apresenta características do ponto de vista de funcionamentos e processos. A maioria das empresas de comunicação no Brasil promove conteúdos para marcas patrocinadoras e possui equipes dedicadas a essa atividade. A pesquisa, por trás deste livro, identificou três práticas predominantes de jornalismo de marca.: Independente, Híbrida e

---

[9] HARDY, Jonathan. *Branded content*: the fateful merging of media and marketing. Routledge, 2021.

[10] *Id.* Commentary: Branded content and media-marketing convergence. *The Political Economy of Communication*, v. 5, n. 1, 2017. p. 81, tradução nossa. Disponível em: https://bit.ly/3WVnY25. Acesso em: 15 abr. 2023.

[11] De acordo com o *Native Advertising Institute*, a publicidade nativa tem o objetivo de parecer orgânica, mas se trata de um conteúdo pago. Disponível em: https://bit.ly/3SYQNcK. Acesso em: 30 ago. 2022.

[12] WANG, Ye; LI, You. Understanding "native advertising" from the perspective of communication strategies. *Journal of Promotion Management*, v. 23, n. 6, p. 913-929, 2017, p. 914.

[13] MATTEO, Stéphane; ZOTTO, Cinzia Dal. Native advertising, or how to stretch editorial to sponsored content within a transmedia branding era. *In:* SIEGERT, Gabriele; FORSTER, Kati; CHAN-OLMSTED, Sylvia M; OTS, Mart. (ed.). *Handbook of media branding*. Springer, 2015. p. 169-185.

[14] ROSA, Roberto. *How content strategy and content marketing are separate but connected*. Content Marketing Institute, 2013. Disponível em: ROSA, Roberto. *How content strategy and content marketing are separate but connected*. Content Marketing Institute, 2013. Disponível em: https://bit.ly/4dw5ps6. Acesso em: 16 ago. 2023. Acesso em: 16 ago. 2023.

Complementar. Essas práticas são denominadas de maneiras variadas nas publicações, incluindo termos como conteúdo de marca, conteúdo patrocinado, *branded content,* entre outros.

Nas considerações sobre *Branded Content* feitas por Araújo[15], enquanto gênero textual e prática discursiva, o jornalismo produzido por marcas e chancelado em jornais de grande circulação se apresenta sob diferentes denominações, entre elas: publieditorial, publicidade nativa, conteúdo patrocinado e conteúdo de marca, sendo este já velho conhecido de grandes empresas, como *Dove, Coca-Cola, Red Bull,* entre outras, que utilizam as ferramentas do *marketing* para humanizar discursos e conquistar audiências/clientes.

O autor acredita que, enquanto gênero discursivo, ele oferece a possibilidade de criar conteúdos informativos para marcas por meio de múltiplas abordagens, ser de interesse social, a partir de diversas formas comunicativas proporcionadas pelo jornalismo, que tem entre suas funções informar, educar, entreter etc., além de considerar cinco importantes eixos que constituem o *branded content*: comunicação das marcas, serviços jornalísticos e publicitários, posicionamento, entretenimento e conteúdo relevante[16].

A tensa relação entre a redação e o departamento comercial dos veículos jornalísticos, destaca os novos contornos surgidos na última década. Bueno[17] aborda o surgimento de gêneros híbridos de informações, como notícias, reportagens, artigos e colunas, que preservam a forma jornalística, mas são prejudicados por abordagens comerciais ou propagandísticas. Práticas que demonstram para o autor o objetivo de fortalecer a imagem das marcas, recorrendo a discursos adjetivados e alinhados com a propaganda, em detrimento dos princípios jornalísticos de precisão, veracidade e qualidade das informações. Bueno[18] define o jornalismo de marca como uma estratégia que busca narrar histórias e relatos que exaltem uma determinada marca, valendo-se das técnicas jornalísticas e da credibilidade dos meios de comunicação. Ele destaca que o jornalismo de marca não revela abertamente a empresa por trás do conteúdo e, com frequência, apresenta o relato como uma matéria jornalística produzida pela redação.

---

[15] ARAÚJO, Marcelo Marques. *Brand journalism*: a comunicação empresarial em interface com jornalismo, publicidade e relações públicas. Congresso Brasileiro de Ciências da Comunicação, 2019. p. 3.

[16] *Ibidem*, p. 5.

[17] BUENO, Wilson da Costa. *O jornalismo patrocinado como estratégia nos negócios*: rupturas e tensões no processo de comunicação de marca. Comunicação estratégica e integrada: a visão de 23 renomados autores em 5 países. Tradução. Brasília: Rede Integrada, 2020. Disponível em: https://www.gestaodacomunicacao.com/download. Acesso em: 26 jun. 2023.

[18] *Ibid, loc. cit.*

O Quadro 1 traz uma compilação de autores e definições relacionadas, com o propósito de enriquecer a elucidação do conceito de jornalismo de marca. Essa compilação não se limita a conceitos ou práticas amplamente aceitas, mas abrange uma variedade de perspectivas e informações que contribuirão para análises e sistematizações mais abrangentes.

Quadro 1 – Proposta de quadro para elencar definições

AUTOR	DEFINIÇÃO DO OBJETO
Light (2014, p. 121, tradução nossa)	Forma multidimensional de criar histórias para marcas.
Bull (2013, p. 12, tradução nossa)	Jornalismo de marca é uma forma híbrida de jornalismo tradicional, *marketing* e relações públicas.
Lee (2015, p. 15, tradução nossa)	Um amplo conjunto de práticas e convenções que derivam tanto das Relações Públicas quanto do jornalismo.
Arrese e Pérez-Latre (2017, p. 124, tradução nossa)	Uma série de atividades de marketing de conteúdo produzida por marcas e corporações, que possui características como: material de valor e de interesse para audiência produzido por profissionais, processos, ferramentas e formatos do jornalismo.
Serazio (2019, p. 2)	*Marketing* de conteúdo orientado para notícias e estratégias de publicidade nativa que floresceram na última década.
Figueiredo (2015, p. 259)	O jornalismo de marca, jornalismo de imagem ou jornalismo empresarial resulta da convergência entre jornalismo e marketing, e tem vindo a acentuar-se muito nos últimos anos à medida que as empresas reconhecem os benefícios de lançar operações de promoção das suas próprias imagens e marcas.
Bueno (2020, p. 375)	O jornalismo de marca tem como objetivo contar histórias, produzir relatos que valorizem uma determinada marca, valendo-se da técnica jornalística e da credibilidade dos meios de comunicação.
Lehto e Moisala (2014, p. 1, tradução nossa)	O termo de estudo "jornalismo de marca" é usado como conceito geral cobrindo as muitas facetas do conteúdo de marketing baseado em narrativas.
Rubim (2023, p. 17)	O jornalismo de marca é entendido como a prática que utiliza ferramentas, técnicas e, muitas vezes, princípios e formatos do jornalismo para conquistar reconhecimento dos clientes e fortalecer o relacionamento entre marca e sociedade, numa perspectiva mais institucionalizada e mercadológica.

Fonte: a autora

1.1 PUBLICIDADE NATIVA NO JORNALISMO E NA COMUNICAÇÃO DE MARCA

Nos últimos 20 anos, pesquisadores no contexto brasileiro têm se dedicado à análise das estratégias de negócios no jornalismo e às aplicações de marca na produção de conteúdo, abordando desde implicações e mudanças estruturais no jornalismo até práticas, adaptações e discursos[19], além de práticas de jornalismo de marca na última década, estudos de casos e análise de conteúdos[20]. Neste trajeto, para melhor compreensão do objeto, proponho considerar as articulações e interseções deste percurso.

Bueno[21] explora o conceito de publieditorial e de jornalismo de marca como outras duas modalidades de comunicação que estabelecem uma parceria entre o jornalismo e a propaganda. O publieditorial, em sua essência, é um texto produzido com o objetivo de promover uma marca, produto ou serviço, mas que se apresenta como uma reportagem ou notícia, mantendo a credibilidade do veículo. O jornalismo de marca, por sua vez, é quando uma empresa se apropria do espaço jornalístico para promover seu conteúdo e fortalecer sua marca. Para o autor, essas modalidades comprometem a integridade e a independência do jornalismo, pois muitas vezes não são produzidas pela redação, não passam pelo mesmo rigor de verificação e nem são reconhecidas de forma clara como conteúdo pago.

De acordo com Bueno[22], apesar das tentativas de diferenciação entre os produtos de publicidade, que frequentemente são associados ao jornalismo, o escritor diferencia de maneira enfática.

> O jornalismo incorpora um sistema peculiar de produção, é desenvolvido por profissionais que têm um perfil definido, assume um discurso com determinadas características, e obedece a um código de ética que explicitamente o situa em antagonismo ao *marketing*. A confusão deriva do fato de muitos profissionais (e mesmo estudiosos) entenderem como sinônimas as expressões "*marketing* de conteúdo" e "jorna-

---

[19] Ver Araújo (2016), Bueno (2005, 2009, 2018, 2020), Duarte (2020), Duarte e Monteiro (2009); Figueiredo (2015), Marshall (2003, 2007), Pereira e Adghirni (2011), Kunsch (2014), Muniz (2005) e Zozzoli (2010).

[20] Ver Ferreira e Rocha (2021), Matos (2018) e Rubim e Andrade (2021).

[21] BUENO, Wilson da Costa. *O jornalismo patrocinado como estratégia nos negócios*: rupturas e tensões no processo de comunicação de marca. Comunicação estratégica e integrada: a visão de 23 renomados autores em 5 países. Tradução. Brasília: Rede Integrada, 2020. Disponível em: https://www.gestaodacomunicacao.com/download. Acesso em: 26 jun. 2023.

[22] BUENO, Wilson da Costa. Crise reputacional e comunicação de marca: a estratégia da Odebrecht para "lavar" a sua imagem. *Revista FAMECOS: mídia, cultura e tecnologia*, v. 25, n. 2, p. 1-18, 2018.

> lismo de marca", mas a prática do "jornalismo de marca" (e, portanto, do *marketing* de conteúdo) também não se caracteriza como jornalismo porque tem como intenção (ainda que nem sempre explicita ou transparente) "gerar ações rentáveis dos clientes ou consumidores"[23].

Apesar da observação pertinente do autor sobre a distinção entre o jornalismo e as práticas de *marketing* de conteúdo, é importante salientar que considero nesse estudo como jornalismo de marca o conteúdo em formato jornalístico produzido pelos veículos midiáticos noticiosos para fins de promoção de marcas. Embora exista uma linha tênue entre o jornalismo e o *marketing* de conteúdo, a natureza da produção e distribuição desses materiais por parte dos veículos noticiosos para atender aos objetivos comerciais das marcas sugere um território intermediário entre as práticas. Portanto, o termo "jornalismo de marca" será adotado neste livro como um conceito que engloba esses tipos de conteúdo, reconhecendo suas particularidades e ações voltadas para a promoção de produtos e serviços comerciais.

As marcas estão buscando estabelecer uma maior proximidade com o consumidor final. De acordo com dados do IAB Brasil[24], de 2022, há uma competição crescente pela atenção do consumidor. O número de marcas anunciando em diferentes tipos de mídia, tanto online quanto *offline*, aumentou de 81.971 em 2018 para 98.791 em 2021. O Instituto também destaca que os profissionais de *marketing* enfrentam um desafio crescente de capturar a atenção dos usuários. Conforme o estudo *Digital AdSpend* 2022[25], realizado pelo IAB Brasil em parceria com a *Kantar IBOPE Media*, os gastos com publicidade digital no Brasil atingiram R$ 32,4 bilhões em 2022, representando um crescimento de 7% em relação ao ano anterior. Os setores que mais investiram em publicidade foram: Comércio (24%), Serviços (22%) e Mídia (8%), totalizando mais da metade do investimento total.

Geralmente associada a publicidade no digital, a publicidade nativa é comumente usada para se referir a um conteúdo promocional que imita o conteúdo não patrocinado, não apenas utilizado em sites de notícias, mas entregue também em outros formatos de mídia, sendo o "nativo" relacionado ao "anúncio que parece ser orgânico ou se mistura perfeitamente com o conteúdo ao redor usando as mesmas modalidades de mídia, podendo ser

---

[23] BUENO, Wilson da Costa. Crise reputacional e comunicação de marca: a estratégia da Odebrecht para "lavar" a sua imagem. *Revista FAMECOS*: mídia, cultura e tecnologia, v. 25, n. 2, p. 1-18, 2018. p. 6.

[24] Disponível em: https://iabbrasil.com.br/pesquisa-digital-adspend-2022/. Acesso em: 22 out. 2022.

[25] Disponível em: https://iabbrasil.com.br/pesquisa-digital-adspend-2022/. Acesso em: 22 out. 2022.

semelhante em duração e estilo e abrangendo tópicos que provavelmente interessam ao mesmo público"[26]. Um dos objetivos da publicidade nativa é evitar a rejeição da publicidade convencional, que vem sentindo a saturação no mercado. A técnica tenta justamente atrair a atenção dos consumidores, criar relevância, se manter na mente, fornecer um conteúdo de interesse do público e engajar a audiência por meio deles.

No contexto brasileiro destaco na trajetória do *branded content* os anúncios de rádio na década de 1960, com o *Repórter Esso*, além de artigos pagos em jornais impressos desde o século XIX. Entretanto, Wojdynski reforça que a publicidade nativa contemporânea, embora possa ter formato semelhante ao publieditorial, tem inúmeras abordagens de entrega e duas características principais: "integração com a plataforma e fornecimento de conteúdo original que pode ser de interesse do público da publicação"[27]. Importante reiterar que uma das distinções mais citadas entre os pesquisadores gira em torno da ausência de menções ou mensagens mais diretas relacionadas às marcas patrocinadoras, distanciando do forte indício de venda.

Com a popularização da internet, as notícias ganharam uma nova dimensão, e o aumento da leitura e disseminação de notícias por meio dela. Nesse espaço a publicidade nativa ganha força e se integra, muitas vezes, não apenas ao formato e *design*, mas até mesmo ao nível editorial. Um dos estudos sobre publicidade nativa e estratégias de comunicação de Wang e Li[28] sugere que um número significativo de anúncios nativos não divulga necessariamente os patrocinadores, entretanto imita o estilo e o formato jornalístico, como o uso de fontes, característica emblemática na narrativa jornalística. Embora não limitado a gêneros jornalísticos, essa integração visual da publicidade nativa tem causado grandes discussões entre pesquisadores sobre questões éticas e possível enfraquecimento do jornalismo, uma vez que o recurso tem sido utilizado de forma recorrente em formatos de notícias e artigos nos ambientes digitais.

---

[26] WOJDYNSKI, Bartosz W.; GOLAN, Guy J. Native advertising and the future of mass communication. *American Behavioral Scientist*, v. 60, n. 12, p. 1403-1407, 2016. p. 1.

[27] *Ibidem*, p. 6, tradução nossa.

[28] WANG, Ye; LI, You. Understanding "native advertising" from the perspective of communication strategies. *Journal of Promotion Management*, v. 23, n. 6, p. 913-929, 2017, p. 927.

Em pesquisa sobre notícias de marca, Serazio[29] reconhece que, embora tenha sido proveniente em algum grau dos anúncios publicitários comuns dos jornais e revistas, o jornalismo de marca inclui técnicas jornalísticas encontradas tanto em publicidade nativa (ou seja, conteúdo de marca cocriado por editoras tradicionais e incorporados em formatos de notícias) quanto em práticas de *marketing* de conteúdo (ou seja, conteúdo de marca produzido por corporações para sua própria plataforma de notícias). O autor considera como "*marketing* de guerrilha", onde a publicidade tenta não parecer publicidade, proveniente de uma arquitetura de persuasão que define e molda o jornalismo de marca[30]. No mundo do conteúdo como novo modelo de negócios, Wang e Li[31] acreditam que a diferença emblemática entre os publieditoriais e a publicidade nativa deriva do fato de que os publieditoriais "apresentam foco temático em produtos e marcas em suas mensagens".

A persuasão enquanto estratégia das marcas havia sido levantada em 2003 pelo autor Leandro Marshall em *O jornalismo na era da publicidade*. Na tentativa de abordar as transformações sofridas pelo jornalismo na era da informação e comunicação, ele elencou 25 tipos de conteúdo produzidos dentro do que ele descreveu como *jornalismo cor-de-rosa.*

> As mutações no campo da informação e da comunicação provocam o aparecimento de um novo gênero de jornalismo, o gênero cor de rosa, caracterizado pela sintetização de uma espécie de produção jornalístico-publicitário. Este gênero está presente na mídia de massa impressa e eletrônica e aparece em espaços noticiosos de todo o mundo[32].

Em entrevista mais recente, quando perguntado sobre as mudanças dez anos após o lançamento do livro, Marshall reconhece que houve uma intensificação propiciada pela internet. A partir da entrada das empresas de tecnologia, como *Google*, *Apple* e *Amazon*, houve uma aceleração na produção e consumo de informação transformando ainda mais as relações entre

---

29 SERAZIO, Michael. How news went guerrilla marketing: a history, logic, and critique of brand journalism. Media, Culture & Society, v. 43, n. 1, p. 117-132, 2021. p. 1.

30 *Ibid, loc. cit.*

31 WANG, Ye; LI, You. Understanding "native advertising" from the perspective of communication strategies. *Journal of Promotion Management*, v. 23, n. 6, p. 913-929, 2017, p. 916.

32 MARSHALL, Leandro. *O jornalismo na era da publicidade*. Summus Editorial, 2003. p. 121.

jornalismo e publicidade. "Nesta sinergia e neste encontro histórico entre economia e tecnologia, o jornalismo e a publicidade foram dissolvidos em uma única coisa: o chamado conteúdo'"[33].

A publicidade, assim como a propaganda, a partir dos termos epistemológicos considerados por Marshall[34] no Brasil, tem conceituações teóricas similares, sendo ambas usadas em contexto de clara intenção de promoção ou consumo. No entanto, em uma arena onde a marca tende a aparecer quase que de forma orgânica, ou mesmo nem ser mencionada no conteúdo, as táticas da persuasão para o jornalismo de marca podem soar sutis. Persuasão estaria nesse contexto como uma espécie de conquista, de apresentação de fatos de interesse do consumidor/leitor, e incentivo para tomadas de decisão, mas não necessariamente para publicidade do produto ou da marca.

As orientações sobre o uso dos anúncios que se assemelham ao conteúdo editorial, a publicidade nativa a exemplo do que fazem empresas como *Taboola, Outbrain, Revcontent, Yahoo Gemini,* estão elencadas conforme *playbook* da *Interactive Advertising Bureau (IAB)*[35]. O documento sugere que os anúncios de recomendação de conteúdo são os mais comuns tipos de publicidade nativa, e são aqueles integrados ao *feed* de conteúdo principal da página e não imitam a aparência do *feed* de conteúdo editorial. São comumente colocados abaixo do artigo na página. Além disso, a IAB destaca que os anúncios sempre terão link para outra página e devem ser divulgados como patrocínio de forma clara (*Interactive Advertising Bureau*, 2019, p. 19).

Wojdynski[36] considera que estas empresas, *Taboola e Outbrain,* utilizam dados dos usuários para sugerir conteúdos em espaços específicos nos sites, por meio de *links,* aos quais se refere como "listagens de *hiperlinks* patrocinados", uma categoria da publicidade nativa. O autor atribui diferentes funcionalidades entre o que considera conteúdo patrocinado e listagem de *hiperlinks,* sendo no primeiro caso conteúdo original criado para o anúncio (que pode ser consumido com anúncios do próprio editor) e no segundo apenas um *link* que redireciona o espectador para outro conteúdo mediante pagamento de taxa – várias empresas de publicidade obtêm receita a partir

[33] BUENO, Thaisa; TORRES, Jessika. Jornalista e escritor, Leandro Marshall explica por que o Jornalismo está cada vez mais parecido com a Publicidade. *Revista Observatório*, v. 2, n. 5, p. 530-543, 2016. p. 532.

[34] MARSHALL, Leandro. *O jornalismo na era da publicidade*. Summus Editorial, 2003.

[35] Disponível em: https://bit.ly/3AxpQX4. Acesso em: 19 set. 2022.

[36] WOJDYNSKI, Bartosz W. Native advertising: Engagement, deception, and implications for theory. *In:* BROWN, R.; JONES, V. K.; WANG, B. M. (ed.). *The New Advertising: Branding, Content and Consumer Relationships in a Data-Driven Social Media Era*. Santa Barbara, CA: Praeger/ABC Clio, 2016. p. 203-236.

dessa atividade. Esses conteúdos também são considerados nativos, uma vez que eles também estão integrados a um site editor, e o editor também pode se beneficiar de anúncios dessas listagens de *hiperlinks* patrocinados promovendo suas próprias histórias, como no exemplo citado.

Já os considerados anúncios *in-feed*, localizados no *feed* de conteúdo normal de um editor em forma de história (editorial ou vídeo), possuem o conteúdo produzido pelo editor ou em parceria com ele. Há uma tentativa de corresponder às histórias e *links* originais do editor, só que com divulgação clara de que se trata de um anúncio.

Conforme a Figura 1, quando os usuários clicam no conteúdo editorial publicado no *Forbes.com*, eles são direcionados para outras páginas no *Forbes.com*. A publicidade nativa da *Verizon* tem clara indicação de "anúncio" e quando clicado leva o leitor a uma página de publicidade nativa específica da *Forbes.com*, proporcionando uma sensação de espelhamento da página original do editor (*Interactive Advertising Bureau*, 2019, p. 17).

Figura 1 – Anúncios *in-feed* com espelhamento

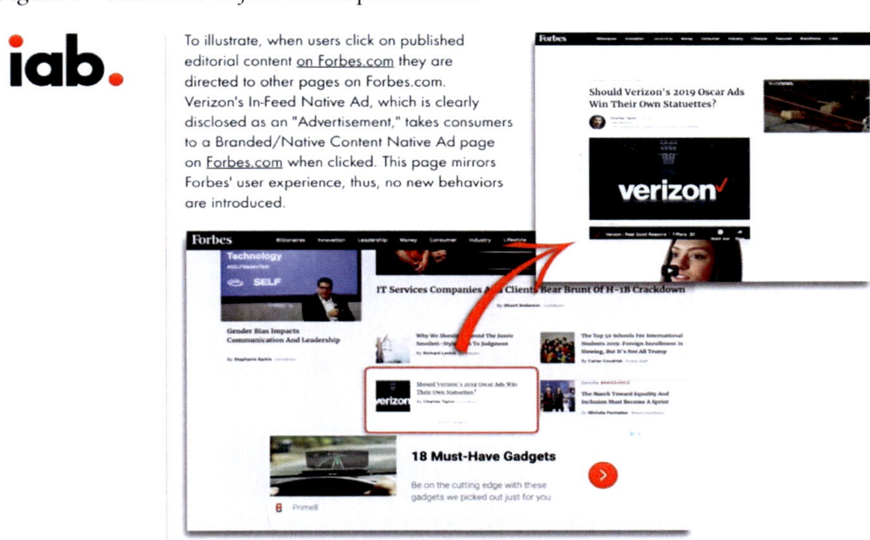

Fonte: *Interactive Advertising Bureau* (2019)

Também há uma categoria de anúncios "*in-feed*" que possui um comportamento diferente do espelhamento visto no exemplo anterior. Apesar de indicativo de conteúdo patrocinado, ele direciona os leitores para fora do site onde está hospedado, quando clicado, e difere em aparência e navegação. Embora esteja na editoria *Saúde* na mesma página principal ao lado de matérias da editoria, ela difere em aparência e está sinalizada como publicidade. Quando clicada é direcionada para outra página com elementos gráficos diferentes dos editoriais do jornal (Figura 2).

Figura 2 – Anúncios *in-feed* sem espelhamento

Fonte: captura de tela (2023)

As questões envolvendo identificação e *tags* em anúncios que se assemelham a artigos de notícias são complexas e a não padronização pode ser um complicador no reconhecimento e na pesquisa adequada do material. Apesar dos indicativos de aplicação de anúncios, nem sempre as recomendações são seguidas, o que dificulta a categorização adequada dos produtos. Os pesquisadores Ferrer-Conill *et al.*[37] abordaram em seu estudo a questão dos objetos visuais utilizados para divulgar ou disfarçar a natureza comercial da publicidade quando apresentados como artigos de notícias. Embora tenham se concentrado em anúncios semelhantes a textos noticiosos e que estavam claramente rotulados como publicidade, reconheceram a existência de artigos pagos sem divulgação explícita. No entanto, eles ressaltaram a dificuldade em identificar esses tipos de conteúdo.

1.2 COMUNICAÇÃO ORGANIZACIONAL: RELAÇÕES ENTRE MÍDIA E MARCAS

Durante a década de 1980, em um contexto de redemocratização, houve um aumento significativo na exigência da sociedade em relação à transparência das organizações, especialmente no que diz respeito a áreas

[37] FERRER-CONILL, Raul *et al.* The visual boundaries of journalism: Native advertising and the convergence of editorial and commercial content. *Digital Journalism*, v. 9, n. 7, p. 929-951, 2021.

como meio ambiente, qualidade de produtos e serviços, e responsabilidade social. Como resultado, as empresas passaram a ser solicitadas a prestar contas de suas atividades para diversos públicos e em relação a uma ampla gama de aspectos relacionados ao seu cotidiano[38]. Durante esse período, observa-se no Brasil uma prática de maior aproximação entre jornalistas e assessores de imprensa, o que resultou em uma reconfiguração da relação entre assessores no contexto do relacionamento com a imprensa. Essa mudança, destacada por Duarte[39], foi sustentada por sindicatos e pela Associação Brasileira de Imprensa, e teve como consequência a redefinição da responsabilidade privativa dos jornalistas no que se refere à produção de produtos noticiosos institucionais.

De acordo com Chaparro[40], um marco importante para a consolidação da prática de assessoria de imprensa no Brasil ocorreu em 1985 com a publicação do primeiro *Manual de Assessoria de Imprensa*. Este manual estabelecia como critério fundamental que os profissionais de assessoria de imprensa deveriam, primeiramente, ser jornalistas. Além disso, o crescimento de agências especializadas nessa área, respaldadas pelo estatuto da *Associação de Imprensa e Comunicação Social*, que exigia a presença de profissionais de imprensa em suas equipes, contribuiu para a consolidação de uma experiência única de assessoria de imprensa no Brasil, que se afastou das atividades relacionadas a Relações Públicas[41]. Esse percurso ajuda a ilustrar o aproveitamento de jornalistas para construção de conteúdos para empresas e marcas, comum ao jornalismo de marca, bem como familiar ao trabalho desenvolvido pelos profissionais das assessorias de imprensa e núcleos de comunicação estratégica organizacionais.

As atividades jornalísticas entrelaçam-se com as práticas da publicidade, entretenimento e comunicação pública, organizacional e corporativa,

---

[38] LEMOS, Cláudia; GÁUDIO, Rozália del. Publicações jornalísticas. *In:* DUARTE, Jorge (org.). *Assessoria de Imprensa e relacionamento com a mídia: teoria e técnica.* 5a ed.rev. atual. São Paulo: Atlas, 2018.

[39] DUARTE, Jorge (org.). *Assessoria de Imprensa e relacionamento com a mídia: teoria e técnica.* 5a ed.rev. atual. São Paulo: Atlas, 2018.

[40] CHAPARRO, Manuel Carlos. Cem anos de assessoria de imprensa. *In:* DUARTE, Jorge (org.). *Assessoria de Imprensa e relacionamento com a mídia: teoria e técnica.* 5a ed.rev. atual. São Paulo: Atlas, 2018.

[41] A função das relações públicas abrange a troca de informações institucionais entre uma entidade e o público por meio dos meios de comunicação. No entanto, nos anos 1980, entidades como a Associação Brasileira de Imprensa e sindicatos argumentaram que o relacionamento com a imprensa e a criação de produtos noticiosos, mesmo que sejam de natureza institucional, são responsabilidades exclusivas dos jornalistas. Durante a década de 1960, quando as leis que regulamentam as profissões de jornalista e relações-públicas foram estabelecidas, a assessoria de imprensa não tinha grande relevância como um mercado de trabalho independente e era considerada parte integrante das atividades rotineiras das relações públicas (Duarte, 2018).

levando ao surgimento de novos gêneros jornalísticos, modificações nas rotinas profissionais e na construção das identidades dos profissionais envolvidos nesse contexto. Essa perspectiva destaca a complexidade das dinâmicas contemporâneas do jornalismo, que são influenciadas tanto por aspectos comerciais quanto por diversas práticas comunicacionais[42].

A compreensão desse contexto histórico, tecnológico, social permite uma abordagem mais ampla e eficaz da comunicação organizacional nas novas realidades digitais, uma vez que é observável a redução das redações jornalísticas em todo o mundo e o aumento dos investimentos empresariais na produção de conteúdo. Conforme Kunsch[43], a comunicação na era digital se tornou uma poderosa ferramenta transversal, influenciando a forma como as organizações se relacionam com o mundo e administram suas informações. Nesse sentido, as organizações estão percebendo que seus relacionamentos não devem se limitar apenas ao público-alvo de seus negócios por meio da comunicação mercadológica. Como parte integrante do sistema social, elas estão se conscientizando de que possuem responsabilidades e compromissos que vão além da produção e prestação de serviços visando lucros. Isso implica que as organizações devem se posicionar de forma institucional, por meio de ações comunicativas estrategicamente planejadas[44].

Carvalho[45] aborda a importância da comunicação organizacional na construção da imagem, identidade e reputação das organizações. A comunicação organizacional envolve a integração de diferentes profissionais e competências, como jornalismo, relações públicas, publicidade, *marketing*, entre outros, com o objetivo de estabelecer uma relação efetiva entre a instituição e seus públicos, atendendo às demandas do mercado e institucionais. O relacionamento com os meios de comunicação jornalísticos torna-se, assim, uma parte essencial dessa estratégia de comunicação, contribuindo para a construção de uma política global de comunicação, porém com suas próprias características e particularidades.

---

[42] PEREIRA, F. H.; ADGHIRNI, Z. L. O jornalismo em tempo de mudanças estruturais. *Intexto*, Porto Alegre, n. 24, p. 38–57, 2011. Disponível em: https://bit.ly/4cvAomR. Acesso em: 24 ago. 2023.

[43] KUNSCH, Margarida. Comunicação Organizacional: contextos, paradigmas e abrangência conceitual. *MATRIZES*, São Paulo, ECA-USP, v. 8, n. 2, p. 35-61, jul./dez. 2014.

[44] *Id*. Relações públicas e planejamento da comunicação estratégica nas organizações. *In:* CARVALHO, Claudiane; SAMPAIO, Adriano de Oliveira; FERREIRA, Giovandro Marcus. *Comunicação estratégica e gestão de marcas*. Salvador: EDUFBA, 2023.

[45] CARVALHO, Claudiane. *A construção da notícia: interseções entre jornalismo e comunicação estratégica*. Salvador: SciELO-EDUFBA, 2019.

No mundo dos negócios, as mudanças são observadas diretamente no relacionamento das empresas com a mídia. Brandão[46] explica que a assessoria de imprensa, antes responsável por ser o elo de relacionamento eficiente com a mídia tradicional, enfrenta uma grande mudança com a mídia digital, onde "nem existem regras rígidas de relacionamento". Uma vez que as informações perpassam diferentes sites e podem ser modificadas pelos editores a qualquer momento, os criadores agora pulverizam a notícia e dificultam as conhecidas estratégias de comunicação.

No contexto corporativo, a estratégia de comunicação é parte integrante das responsabilidades da comunicação corporativa, alinhada à missão, visão e objetivos da organização. A comunicação organizacional desempenha um papel preponderante na orientação e definição dos princípios que regem uma corporação, estabelecendo como a organização deseja ser percebida e compreendida tanto interna quanto externamente[47].

Embora compartilhem alguns parâmetros, existem diferenças entre as ações de comunicação estratégica e jornalismo de marca em termos de objetivos e alcance. Bueno[48] pondera sobre o surgimento do jornalismo de marca enquanto iniciativa da área empresarial e posteriormente adotada pelos veículos jornalísticos para justificar a comercialização do espaço editorial em prol de interesses empresariais ou institucionais. O autor faz uma distinção entre o jornalismo de marca, conforme iniciativa das empresas, como *McDonald's*, *IBM* e outras corporações, e jornalismo patrocinado, oficialmente estabelecido no Brasil por veículos jornalísticos que permite a implementação de estratégias pelos departamentos comerciais visando aumentar a receita dos veículos. Ele defende que precisam ser definidos limites da relação entre os setores comerciais das empresas jornalísticas e a redação para evitar que interesses externos se sobreponham aos jornalísticos.

No que diz respeito à abordagem, a comunicação estratégica utiliza uma variedade de canais e táticas de comunicação, incluindo relações públicas, mídias sociais, *marketing* digital e outras formas de comunicação integrada[49].

---

[46] BRANDÃO, Elizabeth. Reputação corporativa: entre o digital e a ética. *In:* DUARTE, Jorge (org.). *Assessoria de Imprensa e relacionamento com a mídia: teoria e técnica*. 5a ed. rev. atual. São Paulo: Atlas, 2018. p. 179.

[47] DUARTE, Jorge Antônio Menna. Estratégia em comunicação. *In:* FÉLIX, Joana D`Arc Bicalho. (org.). *Comunicação estratégica e integrada: a Visão de 23 Renomados Autores em 5 Países*. Brasília: Editora Rede Integrada, 2020.

[48] BUENO, Wilson da Costa. *O jornalismo patrocinado como estratégia nos negócios*: rupturas e tensões no processo de comunicação de marca. Comunicação estratégica e integrada: a visão de 23 renomados autores em 5 países. Tradução. Brasília: Rede Integrada, 2020. Disponível em: https://abrir.link/EmxQe. Acesso em: 26 jun. 2023.

[49] DUARTE, Jorge Antônio Menna. Estratégia em comunicação. *In:* FÉLIX, Joana D`Arc Bicalho. (org.). *Comunicação estratégica e integrada*: a Visão de 23 Renomados Autores em 5 Países. Brasília: Editora Rede Integrada, 2020.

A comunicação corporativa é descrita como a orquestração de todos os elementos relacionados à identidade da organização, visando criar e manter sua reputação e posição competitiva. Duarte acredita na importância de ter um propósito definido que oriente e mobilize o trabalho da equipe, podendo ser relacionado à reputação da organização, ao engajamento dos públicos-alvo, ao diálogo com *stakeholders*, entre outros aspectos, enquanto o jornalismo de marca faz parte de um processo de comunicação global de marca chamado *branded content* ou "*marketing* de conteúdo". As práticas representam outro patamar em termos de comunicação de marca porque incorporam novos elementos e táticas para prender a atenção do consumidor, com uma disposição a conduzir o consumidor para a compra de produtos e serviços[50].

Várias ações visam oferecer aos consumidores conteúdos e experiências atrativas para capturar sua atenção[51]. O conteúdo de marca, diferentemente da publicidade tradicional, possui autonomia editorial e se destaca pela ausência de argumentação e *slogans* comerciais. Esses conteúdos compartilham objetivos semelhantes aos valores da marca e do público, buscando abordar conceitos, despertar sentimentos e envolver os consumidores.

> As marcas mais dinâmicas já entenderam que é oportuno ter uma relação especial com seus consumidores-internautas, que apela para um *marketing* de permissão (cf. Godin, 2000): ao invés de impor seus produtos e/ ou serviços, procuram relações privilegiadas e pessoais com seus consumidores de produtos e serviços ou simplesmente sígnicos para afirmar/ formatar/ confirmar seus valores identitários e de personalidade[52].

No entanto, o relacionamento entre marcas e mídia está evoluindo e, principalmente, no mundo digital, a distinção entre conteúdo editorial e publicitário se tornou cada vez mais tênue[53]. Conforme a autora, os meios de comunicação online aproveitam a oportunidade de integrar anúncios e conteúdo de maneira mais agressiva do que em plataformas offline. Por exemplo, em sites de revistas como *Teen People* e *Entertainment Weekly,* os leitores podem clicar e comprar produtos mencionados no conteúdo. Além

---

[50] BUENO, Wilson da Costa. *O jornalismo patrocinado como estratégia nos negócios*: rupturas e tensões no processo de comunicação de marca. Comunicação estratégica e integrada: a visão de 23 renomados autores em 5 países. Tradução. Brasília: Rede Integrada, 2020. p. 375. Disponível em: https://www.gestaodacomunicacao.com/download. Acesso em: 26 jun. 2023.

[51] ZOZZOLI, Jean Charles Jacques. A marca diante das novas práticas midiáticas. *Pensamento & Realidade*, v. 25, n. 2, 2010.

[52] *Ibidem* 2010. p. 23.

[53] KLEIN, Naomi. *Sem logo: a tirania das marcas em um planeta vendido.*7ª ed. São Paulo: Record, 2009.

disso, parcerias entre empresas de mídia e marcas, como *The Globe and Mail* com a *ChaptersGLOBE.com* no Canadá e o *New York Times* com a *Barnes & Noble* nos Estados Unidos, geram controvérsias sobre a integração de *branding* e conteúdo.

1.3 OS LIMITES TURVOS DA PRODUÇÃO DE CONTEÚDO

Com taxas de cliques mais altas e maior engajamento do público, os anúncios nativos são extremamente tentadores, e muitas vezes confundidos com conteúdo editorial, ainda que sinalizados como conteúdo patrocinado. Isso vale também para o jornalismo de marca, onde há um aproveitamento do uso da credibilidade dos veículos, além de uma relação obscura entre a informação e transparência sobre a procedência das informações por ali veiculadas. É possível ter uma visão de como as organizações de notícias negociam sua fidelidade aos discursos de autonomia jornalística na medida em que adotam o novo papel de criar campanhas publicitárias pagas por meio da forma como eles atingem esse equilíbrio com os conteúdos das notícias[54].

Em 2018, Matos[55] analisou as primeiras publicações de jornalismo de marca na Bahia, publicadas pelo *Correio24horas* entre janeiro e junho. Das 150 matérias publicadas nos primeiros seis meses, apenas 38 estavam com rótulo *Conteúdo Patrocinado*, ou seja, apenas 25,33% das matérias tinham o indicativo de que se tratava de um material pago. As análises do *Correio24horas* estão em consonância com resultados encontrados por Ferrer-Conill *et al.*[56] em publicações da Alemanha, Israel, Noruega, Espanha e Suécia. Os pesquisadores concluíram que os meios de comunicação não seguem uma forma consistente de divulgar visualmente os anúncios e negociam entre o equilibro de transparência e engano. Foi observado que a maioria dos meios usa objetos visuais coincidentes entre os anúncios e artigos de notícias regulares.

> Como esses objetos divergem minimamente, acreditamos que os objetos coincidentes são usados estrategicamente para camuflar anúncios nativos e passá-los por artigos de notícias regulares. Ao mesmo tempo, eles usam objetos de divulgação

54 CARLSON, Matt; LOCKE, Andrew. How News Organizations Sell Native Advertising: Discourses of Integration and Separation on In-House Content Studio Web Sites. *Journalism Studies*, p. 1-17, 2022. p. 2.

55 MATOS, Michelle. *Jornalismo de marca, que bicho é esse? Quando o namoro entre o jornalismo e a publicidade promove a reconfiguração do campo midiático*. Trabalho de conclusão de Curso (Especialização). Universidade Federal da Bahia, Salvador, 2018. p. 56.

56 FERRER-CONILL, Raul *et al.* The visual boundaries of journalism: Native advertising and the convergence of editorial and commercial content. *Digital Journalism*, v. 9, n. 7, p. 929-951, 2021.

> para sinalizar seu status comercial, mas não de maneira óbvia. Na página inicial, por exemplo, os anúncios nativos costumam aparecer no fluxo regular de notícias, dividindo espaço com o conteúdo editorial. A escolha predominante não é usar uma borda ou uma cor diferente, mas adicionar um pequeno rótulo como divulgação[57].

Além das semelhanças visuais com as notícias, as publicações de marca nos meios de comunicação também utilizam recursos jornalísticos na confecção desse conteúdo. Os pesquisadores Ye wang e You Li[58] analisaram 151 anúncios que aparecem no *feed* normal de três sites de jornais: *Los Angeles Times, Washington Post* e *Chicago Tribune*. Como resultado, foi revelado que entre as técnicas de jornalismo aplicadas, é comum o uso de fontes. Cerca de 65% dos anúncios citavam uma ou mais fontes, desses 14% o patrocinador era citado como fonte.

No caso das análises do *Correio24horas,* dois casos foram bastante emblemáticos: um deles estava relacionado a criação de uma "agenda" de notícias semanais patrocinadas por uma construtora, cujo nome não era mencionado em inúmeras publicações. Semanalmente, eram publicadas matérias positivas referentes a um bairro na capital baiana, por cerca de quatro meses, local onde a empresa patrocinadora estava construindo dois condomínios e lançava um terceiro, entretanto o fato não era mencionado prioritariamente nas matérias. Houve também uma intensificação das publicações da editoria Imobiliário, patrocinadas por uma construtora, durante os meses que antecederam os feirões imobiliários e o lançamento de novos empreendimentos. Outro fator foi o aumento no número de postagens de matérias patrocinadas por uma empresa de Educação em períodos que antecederam inscrições e provas nacionais. A editoria Educação estava sensível ao período de preparação para exames, como o Exame Nacional do Ensino Médio (ENEM), e consequentemente para inscrições pelo Programa Universidade para Todos (PROUNI). "Possui também como agravante a situação na qual o leitor não tem de imediato a informação de que esse texto, tão decisivo e que pode influenciar sua escolha, é um conteúdo pago"[59].

Mesmo que algumas publicações sinalizem seus conteúdos como patrocinados, pagos ou façam alguma referência mais direta ao Estúdio que produz

[57] *Ibidem*, 2021. p. 944.

[58] WANG, Ye; LI, You. Understanding "native advertising" from the perspective of communication strategies. *Journal of Promotion Management*, v. 23, n. 6, p. 913-929, 2017.

[59] MATOS, Michelle. *Jornalismo de marca, que bicho é esse? Quando o namoro entre o jornalismo e a publicidade promove a reconfiguração do campo midiático*. Trabalho de conclusão de Curso (Especialização). Universidade Federal da Bahia, Salvador, 2018. p. 56.

o conteúdo, Wojdynski[60] considera que há poucas evidências de como esses rótulos realmente conseguem transmitir aos consumidores a natureza paga dos conteúdos de forma que seja notada e fácil de entender. A situação gera controvérsias sobre a ética desse tipo de conteúdo, que abre brechas para contestações sobre as fontes das matérias e sobre a escolha das publicações. Esse borrão na linha entre o editorial e o comercial deixa margem a dúvidas sobre a intencionalidade do uso, aparentemente para camuflar os anúncios[61], propositalmente para confundir os leitores[62] ou mesmo quando sinalizadas podem confundir o leitor e enfraquecer a credibilidade das notícias[63].

A ausência de padrões universais para a divulgação deste tipo de conteúdo preocupa pesquisadores. Wojdynski[64] afirma que as formas de apresentação variam muito e ressalta que estudos recentes apontam uma diversidade de conteúdos patrocinados, com variação de nomes como: propaganda, patrocínio e patrocinado, quando há menção.

Também tem sido observado que muitas empresas de comunicação defendem o uso da publicidade nativa como uma estratégia sustentável para a manutenção no mercado. Os benefícios econômicos proporcionados por esse tipo de publicidade são considerados essenciais para garantir a viabilidade financeira das organizações de mídia. Schauster, Ferrucci e Neill[65] realizaram entrevistas em profundidade com 56 jornalistas, publicitários e executivos de relações públicas dos Estados Unidos para investigar o impacto da publicidade nativa na responsabilidade social da imprensa. Os participantes expressaram preocupações éticas em relação a esse formato, incluindo a percepção de engano e a falta de transparência associada à publicidade nativa. Entretanto, reconheceram os benefícios econômicos para manutenção do setor. Portanto, existe uma tensão entre

[60] WOJDYNSKI, Bartosz W. Native advertising: Engagement, deception, and implications for theory. *In:* BROWN, R.; JONES, V. K.; WANG, B. M. (ed.). *The New Advertising: Branding, Content and Consumer Relationships in a Data-Driven Social Media Era*. Santa Barbara, CA: Praeger/ABC Clio, 2016. p. 203-236.

[61] FERRER-CONILL, Raul *et al.* The visual boundaries of journalism: Native advertising and the convergence of editorial and commercial content. Digital Journalism, v. 9, n. 7, p. 929-951, 2021.

[62] WOJDYNSKI, Bartosz. Advertorials and native advertising. *The International Encyclopedia of Journalism Studies*, p. 1-6, 2019.

[63] CARLSON, Matt. When news sites go native: Redefining the advertising–editorial divide in response to native advertising. *Journalism*, v. 16, n. 7, p. 849-865, 2015.

[64] WOJDYNSKI, Bartosz W. Native advertising: Engagement, deception, and implications for theory. *In:* BROWN, R.; JONES, V. K.; WANG, B. M. (ed.). *The New Advertising: Branding, Content and Consumer Relationships in a Data-Driven Social Media Era*. Santa Barbara, CA: Praeger/ABC Clio, 2016. p. 203-236.

[65] SCHAUSTER, Erin E.; FERRUCCI, Patrick; NEILL, Marlene S. Native advertising is the new journalism: How deception affects social responsibility. *American behavioral scientist*, v. 60, n. 12, p. 1408-1424, 2016.

a preocupação ética e a necessidade de sustentabilidade econômica na tomada de decisões sobre a implementação da publicidade nativa.

Essa dicotomia entre responsabilidade social e sustentabilidade levanta importantes questões sobre o papel da imprensa na sociedade atual. Em meio a efervescência do conteúdo para marcas nos veículos tradicionais, um episódio marcou uma publicação de 2013 da revista *The Atlantic*. Embora se autointitule como uma empresa tradicional de 164 anos, que desafia suposições e busca a verdade, a polêmica sobre seu posicionamento surgiu após a publicação da história *David Miscavige Leads Scientology to Milestone Year*, que apresentava o crescimento de *Scientology* em 2012. A matéria dispunha de um rótulo *"sponsor content"*, entretanto foi apontada como situação a ser evitada, ao dar sua capa para a igreja da cientologia, especialmente um cliente tão controverso e que provocou uma séria discussão sobre o formato do conteúdo patrocinado nas notícias online[66].

Além das críticas da indústria ao que chamariam de "técnicas publicitárias e anúncio", a insatisfação dos leitores com a série de elogios a cientologia, a desconexão com o restante do conteúdo do veículo, questionamentos sobre fronteiras entre conteúdo patrocinado e editorial[67], o fato teve também como agravante a acusação de que o veículo estaria ocultando os comentários negativos e permitindo apenas os elogios na publicação[68]. A matéria foi retirada após a enxurrada de críticas, e considerada um exemplo ruim de publicidade nativa[69]. Entretanto, a situação não parece ter contribuído para a redução do interesse de jornais e revistas pelo formato[70]. Com a institucionalização do formato há uma atenção maior de estudiosos sobre a dinâmica do jornalismo no processo.

A ausência de padrões universais na divulgação desses conteúdos gera controvérsias e confusão para os leitores. Apesar disso, as organizações de mídia são impulsionadas pelos benefícios econômicos proporcionados pela publicidade nativa, criando uma tensão entre responsabilidade social e sustentabilidade financeira. Ainda há carência de estudos de recepção que

---

[66] CARLSON, Matt. When news sites go native: Redefining the advertising–editorial divide in response to native advertising. *Journalism*, v. 16, n. 7, p. 849-865, 2015.

[67] *Ibid, loc. cit.*

[68] SCHAFER, I. *Atlantic's Scientology as crossed the line*. CNN, 2013. Disponível em: https://edition.cnn.com/2013/01/16/opinion/schafer-atlantic-scientology-ad/index.html. Acesso em: 23 ago. 2023.

[69] SHEWAN, Dan. *Native advertising examples: 5 of the best (and worst)*. WordStream (blog), 2020. Disponível em: https://bit.ly/3AtlErf. Acesso em: 17 ago. 2023.

[70] SERAZIO, Michael. Making (branded) news: The corporate co-optation of online journalism production. *Journalism Practice*, v. 14, n. 6, p. 679-696, 2020. p. 6.

sinalizem o tipo de relação existente nos leitores/consumidores a partir do consumo de conteúdo provenientes de estúdios híbridos, comercial e editorial.

1.4 MÍDIAS E MARCAS: DISCURSO E INTERESSE PÚBLICO

No atual contexto de midiatização, com visíveis transformações nos processos de produção, circulação e recepção de conteúdos midiáticos, as marcas foram, conforme Semprini[71], sufocadas e compelidas a fazerem parte das novas redes, se condicionando a uma nova rotina tecnológica e social, sem condições de se impor sem estratégias de comunicação. Elas seguiram o fluxo do aumento dos espaços de comunicação e multiplicaram sua presença quantitativa e na diversificação de técnicas. Mas, a massificação das publicidades traz consigo uma série de fragilidades, conforme o autor. A mecanização dos processos e a expansão da atuação da comunicação nas marcas provocam uma falsa sensação de "dever cumprido", de audiência alcançada e de desgaste na credibilidade delas. "Algumas marcas parecem acreditar que elas podem se libertar definitivamente do produto e fazer de sua marca um ser puro de comunicação, um criador de valor que, graças à magia de uma comunicação bem concebida, poderia agregar valor a qualquer produto ou serviço"[72, 73]. Sendo o conteúdo o novo anúncio, as empresas estão investindo mais no *marketing* de conteúdo, aproveitando temas únicos ou relevantes à sociedade, e que tenham conexões com as marcas e os disponibilizando em diferentes formatos, incluindo jornalísticos.

Grande parte do que é divulgado hoje envolve um processo mecanizado, institucionalizado e programado, muitas vezes automatizado. Não é de se espantar que para ampliar a confiabilidade nas marcas, por meio da comunicação, as empresas estejam diversificando e se capilarizando ainda mais. As empresas agora retratam seus produtos a partir de pontos de vistas reais, seja por *digital influencers*, ou por relatos e experiências de histórias e personagens que agregam valor à marca. Valor não apenas em relação ao reconhecimento e à consciência dos consumidores sobre a marca, mas com

---

[71] SEMPRINI, Andrea. *A marca pós-moderna: poder e fragilidade da marca na sociedade contemporânea*. 2. ed. São Paulo: Estação das Letras e Cores, 2010.

[72] *Ibidem*. p. 73.

[73] Minha pesquisa concentra-se no mapeamento de práticas e não teve como objetivo discutir as especificidades do discurso informativo produzido por marcas. Porém, trago Semprini para evidenciar a noção de marca.

uso de estratégias para ampliar a notoriedade, se aproximar do público-alvo e ser amplamente consumida, ou seja, obter maior lucro.

Essa construção de posicionamento de marcas perpassa por diferentes estratégias enunciativas. Enquanto estratégia de persuasão, a prática aproveita-se do espaço midiatizado, no qual se insere o jornalismo, e consegue utilizar dos "mapas de significados"[74], do reforço e da influência que exerce nessa reconstrução social. Com o uso das técnicas, ferramentas e até dos espaços de produção da informação, da expertise em gerar e reproduzir conhecimento sobre o mundo, vai recriando e configurando os processos.

> Tanto a forma quanto o conteúdo do jornal são constitutivos do discurso da informação, e embora o aparato tecnológico, bem como os usos e práticas a ele associados, se transformem dentro de uma diacronia mais alargada, ainda permanece um entendimento social compartilhado acerca de seus modos de produção e consumo[75].

Bourdieu[76] apresenta uma perspectiva mais ampla sobre o mundo social e as percepções sobre as práticas discursivas. A produção de informações, sejam ou não midiáticas, se utilizam dessas práticas, e quando legitimadas se tornam no espaço social um bem simbólico. A lógica de dualidade dessa relação entre mídia e sociedade pode ser entendida como estratégia na utilização do conteúdo enquanto novo negócio. Hjarvard[77] lembra e reforça que a midiatização ultrapassa os aparatos tecnológicos, como apresentado por inúmeros estudiosos nas últimas décadas. A mídia é uma condição estrutural de práticas sociais e culturais, e está espalhada no tecido social. A influência inegável que exerce provém, em parte, dessa bilateralidade: de um lado, a mídia se torna parte do funcionamento de instituições; e por outro possui um grau de autoridade que obriga as instituições a submeter-se à sua lógica.

O papel que o jornalismo desempenha na sociedade tem relevância e está calcado no significado simbólico da normativa da independência editorial, ou seja, na autonomia jornalística enquanto instituição produtora

---

[74] Conforme proposto por Hall *et al.* (1993), a utilização e modificação de acontecimentos em informação provém da partilha de conhecimentos culturais comuns à sociedade "mapas de significados".

[75] ANDRADE, Ivanise Hilbig. *Construção de sentido no Jornalismo: operadores e estratégias de análise do discurso da imprensa*. Intercom–Sociedade Brasileira de Estudos Interdisciplinares da Comunicação 40º Congresso Brasileiro de Ciências da Comunicação - Curitiba (PR), 2017. p. 5.

[76] BOURDIEU, Pierre. A economia das trocas linguísticas. *In:* ORTIZ, R. (org.). *Pierre Bourdieu: sociologia*. São Paulo: Ática, 1983. p. 156-183.

[77] HJARVARD, Stig. *A midiatização da cultura e da sociedade*. São Leopoldo (RS): Editora Unisinos, 2014. p. 16.

de conhecimento[78, 79]. Conforme Chaparro[80], há vinte anos um terço dos jornalistas profissionais já trabalhavam fora das redações, junto às fontes. O autor observa ainda que a mudança elimina o intervalo entre o acontecimento e a notícia, que junto às novas tecnologias de difusão de informações afeta a velocidade, a abrangência, além dos modos de produção e socialização dos conteúdos jornalísticos. A partir das mudanças ocorridas nas instituições, com a valorização crescente da comunicação, esta passou a desempenhar um papel relevante, sendo a notícia considerada uma estratégia de negociação para fortalecer a imagem dessas instituições diante da opinião pública[81].

A legitimidade social que a instituição jornalística conquistou a permite promover uma reconstrução discursiva do mundo[82]. Dentro de um sistema cultural existente, os jornalistas "[...] moldam a sua percepção e fornecem o repertório formal para a apresentação dos acontecimentos, pelas instituições e rotinas"[83]. Mas, afinal, o que poderia ser enquadrado como notícia? A partir das práticas jornalísticas, Silva[84] propõe que a "notícia é a socialização de quaisquer informações de caráter público, atual e singular e que atendem a diferentes interesses".

Entretanto, o produto jornalístico pode ser ainda mais complexo que tipificar e classificar os fenômenos noticiáveis. Para Aguiar[85], a noticiabilidade está relacionada com processos de rotinização e estandardização das práticas produtivas, operacionalizando, regendo e selecionando os acontecimentos. Seria uma seleção e construção do noticiável, a partir da existência

---

[78] CARLSON, Matt. When news sites go native: Redefining the advertising–editorial divide in response to native advertising. *Journalism*, v. 16, n. 7, p. 849-865, 2015.

[79] Reconheço os estudos sobre Teorias do Campo, além das inesgotáveis discussões sobre o conceito epistêmico de notícias e fenômenos noticiosos nas últimas décadas. Entretanto, não vou me debruçar sobre Teoria da Notícia ou Teoria do Jornalismo, apenas ilustrar a complexidade que envolve uma possível categorização da informação enquanto notícia ou produto noticioso. O objetivo da pesquisa aqui apresentada é mapear as práticas profissionais do jornalismo de marca no Brasil.

[80] CHAPARRO, Manuel Carlos. Cem anos de assessoria de imprensa. *In:* DUARTE, Jorge (org.). *Assessoria de Imprensa e relacionamento com a mídia*: teoria e técnica. 5a ed.rev. atual. São Paulo: Atlas, 2018.

[81] MONTEIRO, Graça França. A notícia institucional. *In:* DUARTE, Jorge (org.). *Assessoria de Imprensa e relacionamento com a mídia*: teoria e técnica. 5a ed.rev. atual. São Paulo: Atlas, 2018.

[82] FRANCISCATO, C. E. *Limites teóricos e metodológicos nos estudos sobre noticiabilidade*. Associação Nacional dos Programas de Pós-Graduação em Comunicação. Anais do 11° Encontro Anual da COMPÓS, 2014. Disponível em: https://bit.ly/3SXWLKH. Acesso em: 12 jun. 2021.

[83] TRAQUINA, Nelson. *Teorias do Jornalismo*: porque as notícias são como são. 3. ed. Florianópolis: Insular, 2018. p. 176.

[84] SILVA, Gislene. O fenômeno noticioso: objeto singular, natureza plural. *Estudos em Jornalismo e Mídia*, v. 6, n. 2, p. 9-15, 2009. p. 13.

[85] AGUIAR, Leonel. *Os valores-notícia como efeitos de verdade na ordem do discurso jornalístico*. Congresso Brasileiro de Ciências da Comunicação. São Paulo: Intercom, 2007.

ou ausência de uma série de critérios, baseados em valores-notícias. Quanto mais um acontecimento possuir atributos noticiáveis, mais se ampliam as possibilidades de fazer parte das páginas de um jornal.

Para a autora[86], a noticiabilidade pode ser entendida como uma combinação de acontecimentos e situações capazes de agir no processo da produção da notícia. Além das características do acontecimento, engloba também julgamentos e habilidades do profissional e das relações dos repórteres com as fontes, entre outros fatores como: "condições favorecedoras ou limitantes da empresa de mídia no mercado (econômicas, tecnológicas e políticas editoriais), relação do veículo noticioso com a publicidade, negociações com públicos e audiências (circulação e recepção)", entre outras questões que compõem o processo[87]. Entretanto, Seixas[88] lembra que nem tudo é jornalismo em um produto jornalístico, ou seja, nem tudo que está publicizado em um veículo de comunicação noticioso possui ou atende a critérios de noticiabilidade.

Se as notícias são socialmente construídas, e os jornalistas são em certo nível "guiados" pelo senso que norteia o ato de produção, é possível inferir que essa influência molda a autonomia dos profissionais. O que será ou não veiculado em um jornal perpassa as análises de acontecimentos noticiosos selecionáveis, a partir dos veículos de imprensa, editores e redatores.

Nas últimas décadas, as seleções e organizações de acontecimentos também passam por equipes de Jornalismo de Marca. Apesar de demandados pelo departamento comercial, nos textos produzidos pelos Estúdios *Correio* e *Folha*, pertencentes aos jornais *Correio24horas* e *Folha de S. Paulo*, respectivamente, foram encontrados elementos que corroboram com a ideia de projetos que atendem interesses das marcas e dos veículos, focados no conteúdo que será destinado ao leitor. "Em ambos os estúdios ficam evidentes o uso de linguagem, hierarquização de informações e elementos como critérios de noticiabilidade e valores-notícia"[89].

---

[86] SILVA, Gislene. A engrenagem da noticiabilidade no meio do redemoinho. *Revista Observatório*, v. 4, n. 4, p. 308-333, 2018.

[87] *Ibidem*, 2018. p. 96.

[88] SEIXAS, Lia; BORGES, Jussara. Do que se trata noticiabilidade. *Intexto*, Porto Alegre, UFRGS, n. 38, p. 157-172, jan./abr. 2017.

[89] RUBIM, Michelle M.; ANDRADE, Ivanise. H. *Jornalismo de Marca:* O uso da credibilidade jornalística na produção de conteúdo publicitário. 44º Congresso Brasileiro de Ciências da Comunicação - Intercom, 2021. p. 16. Disponível em: https://bit.ly/46SdvbY. Acesso em: 11 ago. 2023.

> O jornalismo é fundamental para a construção de conteúdos relevantes a partir da relevância de marcas. Para isso, os critérios de noticiabilidade, precisão, certitude, investigação, fontes, abrangência, utilidade pública, entre outros, não se perdem quando há um projeto de branded content, ao contrário, a comunicação multipotencial permite um grande avanço na interface entre branding e jornalismo[90].

No uso da comunicação de marcas, Bueno[91] aponta a existência de dois discursos distintos no campo do jornalismo e da propaganda/publicidade. O discurso jornalístico se baseia na qualidade das informações, apoiado em fatos e dados verificáveis, e sua legitimidade é respaldada pelo pluralismo de fontes e pela inclusão de controvérsias. Em contraste, o discurso publicitário é inerentemente adjetivado, fundamentado em fontes exclusivas que não se contradizem, com o objetivo de favorecer os interesses dos promotores. No entanto, há uma tendência de o discurso publicitário buscar beneficiar os patrocinadores por meio da criação de gêneros híbridos de produção, como notícias, reportagens, artigos e colunas, com o propósito de fortalecer a imagem das marcas.

Para Bueno[92] é comum a tentativa de interferir no processo de produção jornalística, visando obter uma cobertura favorável aos interesses das entidades envolvidas, incluindo agências de propaganda, assessorias de imprensa e gestores de comunicação e *marketing* de empresas globais. Tal situação preocupa o autor, pois pode comprometer a integridade jornalística e criar um ambiente propício para a manipulação da informação. Muitos dos conteúdos de marca criados pelas organizações noticiosas utilizam os canais convencionais dos meios de comunicação para as publicações. Entretanto, ao tempo em que a ação pode aumentar a proposta de valor para as marcas, também enfraquece a credibilidade do jornalismo[93].

---

[90] ARAÚJO, Marcelo Marques. *Brand Journalism e Branded Content*: diálogos (im) possíveis no jornalismo de marca. Intercom - Sociedade Brasileira de Estudos Interdisciplinares da Comunicação - 41º Congresso Brasileiro de Ciências da Comunicação. Joinville - SC: Intercom, 2018. p. 14.

[91] BUENO, Wilson da Costa. *O jornalismo patrocinado como estratégia nos negócios*: rupturas e tensões no processo de comunicação de marca. Comunicação estratégica e integrada: a visão de 23 renomados autores em 5 países. Tradução. Brasília: Rede Integrada, 2020. Disponível em: https://www.gestaodacomunicacao.com/download. Acesso em: 26 jun. 2023.

[92] *Ibid, loc. cit.*

[93] Ver Carlson (2015), Ferrer-Conill (2021) e Carvajal e Barinagarrementeria (2021).

A situação é reforçada por Klein[94], que sugere que a mídia jornalística tem o potencial de proteger o interesse público, mesmo quando enfrenta pressão corporativa. Em situações desafiadoras, a mídia pode oferecer modelos viáveis para a salvaguarda do interesse público, embora muitas vezes essas batalhas ocorram nos bastidores, longe do conhecimento público. No entanto, também destaca que, na pior das hipóteses, a mídia pode revelar como a influência das marcas pode distorcer profundamente o discurso público. Ou seja, para a autora, jornalismo, assim como outros setores da cultura, está constantemente sob crescente pressão para se fundir com as marcas, o que pode comprometer sua independência e sua capacidade de servir ao interesse público.

As discussões acerca da influência dos interesses das marcas e dos veículos de comunicação na seleção e construção do noticiável têm contribuído para o entendimento das práticas jornalísticas e o impacto na autonomia dos profissionais, bem como na construção do discurso jornalístico. A investigação dos critérios baseados em valores-notícia, que norteiam a seleção e a racionalização dos acontecimentos, revela a complexidade dessas dinâmicas. Nesse contexto, a preocupação com a integridade jornalística diante da interferência das marcas no processo de produção se torna um ponto crucial. O mapeamento do jornalismo de marca no contexto brasileiro oferece novas perspectivas sobre essas interações e fortalece a necessidade de debates e reflexões contínuas sobre a relação entre marcas e práticas jornalísticas.

1.5 JORNALISMO DE MARCA ALÉM DAS REDAÇÕES: CARACTERÍSTICAS DO DISCURSO DAS MARCAS

Concentro meus esforços aqui em compreender o jornalismo de marca no Brasil, explorando os meios de comunicação tradicionais, mapeando práticas profissionais e modelos de negócios em funcionamento nas instituições midiáticas. No entanto, é crucial reconhecer a importância das narrativas de marca para além das redações e em diferentes formatos.

Arrese e Pérez-Latre[95] elencam três práticas distintas de jornalismo de marca: mídia paga, mídia conquistada e mídia própria. Os autores a diferenciam de outras estratégias que utilizam ferramentas editoriais e jornalísticas,

---

[94] KLEIN, Naomi. *Sem logo*: a tirania das marcas em um planeta vendido.7ª ed. São Paulo: Record, 2009.

[95] ARRESE, Ángel; PÉREZ-LATRE, Francisco J. 2.4 The Rise of Brand Journalism. *In:* SIEGERT, Gabriele, VON RIMSCHA, M. Bjørn, GRUBENMANN, Stephanie. *Commercial Communication in the Digital Age:* Information or Disinformation? Berlin, Boston: De Gruyter Saur, 2017. https://doi.org/10.1515/9783110416794

como *publiposts*, conteúdo patrocinado e publicidade nativa, sendo a mídia paga que envolve a publicidade tradicional, como anúncios pagos, *Google AdWords* e outros tipos de anúncios em busca ou *display*. A mídia conquistada ocorre quando o conteúdo recebe reconhecimento e seguidores por meio de canais de comunicação, como mídias sociais e boca a boca, ou por meio de publicidade tradicional. Por fim, a mídia própria refere-se à atividade de mídia relacionada a uma empresa ou marca que é gerada internamente nos canais que ela controla, como websites corporativos, *blogs*, páginas de marca no *Facebook* ou contas no *Twitter*[96]. E reconhecem que podem existir atividades que integram elementos das três perspectivas.

Os consultores de comunicação espanhóis Tascón e Pino[97], sobre jornalismo de marca e comunicação corporativa, abordam que as empresas ganham notoriedade ao utilizar *owned media*, meios próprios, para dialogar com seus públicos, se expressar em primeira pessoa e ampliar o posicionamento dos conteúdos. Algo visto como limitado antes da internet, abre novas possibilidades para as marcas. Serazio[98] exemplifica que, além da oportunidade de fazer autopublicação, profissionais da área supõem que o público muitas vezes não lembra da fonte da maior parte do conteúdo online, principalmente em *feed* de notícias, o que significa que tanto o *New York Times* quanto a *Coca-Cola* teriam condição de atrair atenção e alcançar confiabilidade para a produção de conteúdo. "Mesmo que um, teoricamente, tenha projetos para esclarecer os cidadãos na esfera pública e o outro para iluminar o consumidor carteira"[99].

De acordo com Klein[100], observa-se uma mudança significativa no relacionamento entre as corporações e a mídia. Ao invés de simplesmente financiar conteúdos, as corporações estão se tornando provedoras de conteúdo, oferecendo uma variedade de recursos em seus sites, como dicas de viagem, trechos de música e jogos. Essa abordagem, que visa estabelecer um novo modelo de relacionamento de mídia com patrocinadores corporativos e financiadores, está sendo rapidamente estabelecida no ambiente online, mas também se estende para além dele. Um exemplo destacado

[96] O Twitter mudou de nome e substituiu seu logotipo em julho de 2023, trocando o pássaro azul por um X branco com fundo preto, seguindo a decisão do novo proprietário da plataforma, Elon Musk.

[97] TASCÓN, Mario; PINO, Ivan. *Brand journalism e reputação corporativa*. Lisboa: Llorente & Cuenca, 2014. Disponível em: https://abrir.link/LGeSJ. Acesso em: 24 maio 2023.

[98] SERAZIO, Michael. How news went guerrilla marketing: a history, logic, and critique of brand journalism. *Media, Culture & Society*, v. 43, n. 1, p. 117-132, 2021.

[99] KLEIN, Naomi. *Sem logo*: a tirania das marcas em um planeta vendido.7ª ed. São Paulo: Record, 2009.

[100] *Ibid, loc. cit.*

por Klein é a integração editorial da marca *Absolut* com a revista *Saturday Night,* onde a presença da marca se tornou parte integrante da história, indo além de uma mera peça publicitária. Essa tendência de integração de conteúdo e marca está se tornando cada vez mais comum na internet com o surgimento de sites criados por "desenvolvedores de conteúdo" que têm como objetivo principal oferecer conteúdo editorial que também sirva como espaço publicitário para marcas.

Um caso exemplar mencionado por Klein[101] é o da *Parent Soup,* uma comunidade online voltada para pais, que inclui conselhos "marcados" por marcas como *Fisher-Price, Starbucks, Procter & Gamble* e *Polaroid.* Esses sites adotam uma abordagem de "faça você mesmo", incorporando anúncios pré-integrados, eliminando a necessidade de persuadir ou subornar os editores tradicionais. Essas práticas demonstram uma transformação no relacionamento entre corporações e mídia, onde as marcas estão cada vez mais envolvidas na produção de conteúdo.

Borragini[102] exemplifica que em um contexto em que *fintechs,* bancos e corretoras disputam a atenção de indivíduos interessados em investimentos, o uso de conteúdo se destaca como uma das estratégias mais eficazes para estabelecer uma conexão próxima com os clientes. Além de se aproximar, no setor financeiro é fundamental cultivar uma relação baseada na confiança mútua. Entre as empresas financeiras brasileiras que utilizam estratégias de conteúdo apontadas pelo autor estão: *Nubank* – conhecido por produzir conteúdos transparentes relacionados à rotina financeira de seus clientes; *XP Investimentos* – disponibiliza em seu blog conteúdos de qualidade sobre o mercado de investimentos, auxiliando os leitores a descobrir seu perfil de investidor e tomar decisões; *Magnetis* – gestora de investimentos digital que utiliza estratégia de conteúdo com tópicos desde os mais básicos até os mais avançados para investidores experientes e também oferece materiais para *download* gratuito, visando atrair os usuários para o funil de vendas; e *PicPay* – *fintech* brasileira, utiliza estratégias de conteúdo audiovisual, investindo em vídeos bem-humorados no *YouTube* para mostrar sua forma de uso e se conectar com a audiência. Cada uma delas utiliza abordagens diferentes, mas têm em comum a busca por oferecer informações relevantes aos seus públicos-alvo.

---

[101] *Ibid, loc. cit.*

[102] BORRAGINI, Hesley. *Nubank, XP Investimentos, Magnetis e mais: conheça as estratégias de conteúdo que se destacam no setor financeiro.* Blog RockContent, 2020. Disponível em: https://abrir.link/rAJQm. Acesso em: 17 abr. 2022.

O uso de narrativas e *storytelling* acaba sendo uma prática recorrente e estimulada, conforme Tascón e Pino[103], que acreditam que contar histórias mais efetivas sobre a marca gera comunicação de valores e conexão emocional. Entretanto, reforçam que as histórias precisam ser baseadas em veracidade: "não cabe ficção, nem a invenção". A transparência é uma das premissas mais básicas do *brand journalism,* para gerar credibilidade e confiança no público-alvo, que inspirado nas premissas jornalísticas tem como dever essencial a "disciplina de verificação". Entre a recomendação dos autores está a necessidade de os profissionais respeitarem essa disciplina, não acrescentarem nada que não tenha ocorrido, nunca enganarem o leitor e serem o mais transparente possível. A apreensão sobre a possível descrença social nas instituições, empresas e imprensa é um ponto de dificuldade apresentado pelos autores, e podem ser driblados com: materialidade – seleção de temas que refletem os impactos da empresa na economia, sociedade e meio ambiente e equilíbrio – refletir aspectos positivos e negativos dos resultados da empresa para gerar uma avaliação global.

Quando se trata da produção de conteúdo, Arrese e Pérez-Latre[104] apresentam formas que podem ser combinadas: criação de redações internas, a contratação de marca e especialistas externos para a produção de conteúdo e a agregação e curadoria de conteúdo. A opção de criação de redações internas requer um investimento substancial em recursos humanos e materiais. Muitas empresas proeminentes, como *Coca-Cola, GE, IBM, Intel,* e *Microsoft* estabeleceram suas próprias redações integradas às suas estratégias de *marketing* de conteúdo. A segunda opção é impulsionada pela adesão de veículos de notícias renomados, como *Time, New York Times, The Economist* e *The Guardian,* além de agências de publicidade e relações públicas. Essas empresas estão desenvolvendo suas próprias redações e unidades de conteúdo para produzir notícias, relatórios e gerenciar atividades de jornalismo de marca em nome de seus clientes – tratarei desse conteúdo na Prática Independente de jornalismo de marca no Brasil. Essa prática segue a abordagem tradicional de "publicação contratada" usada em revistas de marca. Conforme os autores, por fim, as marcas também podem se beneficiar do conteúdo fornecido por terceiros, gerenciando-o diretamente ou com a assistência de empresas especializadas

[103] TASCÓN, Mario; PINO, Ivan. *Brand journalism e reputação corporativa*. Lisboa: Llorente & Cuenca, 2014. Disponível em: https://abrir.link/LGeSJ. Acesso em: 24 maio 2023.

[104] ARRESE, Ángel; PÉREZ-LATRE, Francisco J. 2.4 The Rise of Brand Journalism. *In:* SIEGERT, Gabriele, VON RIMSCHA, M. Bjørn, GRUBENMANN, Stephanie. *Commercial Communication in the Digital Age:* Information or Disinformation? Berlin, Boston: De Gruyter Saur, 2017. p. 128. https://doi.org/10.1515/9783110416794.

em gerenciamento de conteúdo online, como *NewsCred* e *Rosetta*, que oferecem soluções desde a criação até a distribuição de conteúdo[105].

Com o conteúdo no centro das atenções, o *brand journalism* pode ser compartilhado e amplificado por meio de diferentes canais e plataformas digitais. As mídias sociais desempenham um papel importante na disseminação do conteúdo, permitindo que as marcas alcancem um público mais amplo e interajam diretamente com seus seguidores. De acordo com o *Digital AdSpend 2022*, os dispositivos móveis são o foco dos anunciantes, recebendo a maior parte dos investimentos em publicidade digital. Tascón e Pino[106] consideram que uma das características principais do jornalismo de marca é ser justamente multimídia e multiformato. Além do uso das ferramentas já conhecidas e utilizadas pela imprensa para compartilhamento de conteúdos, como: sites, blogs, fotos, ilustrações, vídeos infográficos, *podcasts* e redes sociais, podem aderir a outros canais adequados aos interesses da marca. Entretanto, estão mais focados em se aproximar desses recursos de forma mais parecida com a imprensa e menos como campanhas e anúncios. Arrese e Pérez-Latre[107] relembram que cada empresa tem seus objetivos de jornalismo de marca distintos e que cada prática será usada conforme os resultados esperados, mas que a expressão "mais jornalismo, menos *branding*" seria um resumo adequado para muitos casos.

1.6 ENTRAVES E IMPLICAÇÕES ÉTICAS

Um aspecto bastante discutido e questionado quando se trata da prática do jornalismo de marca é a ética jornalística. Uma das principais legislações relacionadas ao tema é o Código de Ética dos Jornalistas Brasileiros, aprovado em 1987 pelo Congresso Nacional dos Jornalistas e adotado como referência pelos profissionais do país, e que visa garantir a responsabilidade e a integridade na produção e disseminação de informações. Entre os princípios fundamentais destacam-se: o respeito à verdade dos fatos, a

---

[105] ARRESE, Ángel; PÉREZ-LATRE, Francisco J. 2.4 The Rise of Brand Journalism. *In:* SIEGERT, Gabriele, VON RIMSCHA, M. Bjørn, GRUBENMANN, Stephanie. *Commercial Communication in the Digital Age:* Information or Disinformation? Berlin, Boston: De Gruyter Saur, 2017. https://doi.org/10.1515/9783110416794.

[106] TASCÓN, Mario; PINO, Ivan. *Brand journalism e reputação corporativa*. Lisboa: Llorente & Cuenca, 2014. Disponível em: https://abrir.link/LGeSJ. Acesso em: 24 maio 2023.

[107] ARRESE, Ángel; PÉREZ-LATRE, Francisco J. 2.4 The Rise of Brand Journalism. *In:* SIEGERT, Gabriele, VON RIMSCHA, M. Bjørn, GRUBENMANN, Stephanie. *Commercial Communication in the Digital Age:* Information or Disinformation? Berlin, Boston: De Gruyter Saur, 2017. p. 128. https://doi.org/10.1515/9783110416794.

defesa da liberdade de imprensa, o compromisso com o interesse público, a busca pela imparcialidade e a recusa do sensacionalismo.

Ao refletir sobre o Código de Ética dos Jornalistas Brasileiros destaco que as situações, em que as distinções entre os materiais produzidos para as marcas não são claras, contrariam a diretriz dos profissionais. O Capítulo III, Da responsabilidade profissional do jornalista, Art. 12 IV orienta "[...] informar claramente à sociedade quando suas matérias tiverem caráter publicitário ou decorrerem de patrocínios ou promoções"[108]. Além disso, como premissa da profissão de natureza social, a ética jornalística ultrapassa leis e códigos, envolvendo uma postura profissional e consciência moral que devem orientar as ações dos jornalistas no exercício da profissão.

A relação entre ética jornalística e *branding journalism* é complexa e levanta questões sobre integridade e responsabilidade dos profissionais de comunicação. O *brand journalism*, jornalismo de marca, assim como o *native advertising*, publicidade nativa, são práticas que têm despertado debates no campo da Comunicação. Os pesquisadores têm se dedicado a explorar as possíveis implicações dessas abordagens. Schauster, Ferrucci e Neill[109] apontam preocupações em relação à falta de transparência e a identificação inadequada do conteúdo patrocinado e sinalizam que as ações podem levar a enganos por parte do público.

As discussões sobre falta de transparência giram em torno também da capacidade de avaliar em que medida os consumidores conseguem distinguir o conteúdo editorial e o conteúdo patrocinado, e as possíveis consequências nas tomadas de decisões baseadas em informações de persuasão. Inclusive, evidências apontam que muitos consumidores têm dificuldade em reconhecer formatos nativos como publicidade[110]. As análises de conteúdo do *Estúdio Folha* realizadas pelas autoras Ferreira e Rocha[111] apontam para controvérsias na apresentação desse conteúdo para o leitor, uma vez que o selo "conteúdo patrocinado" não se evidencia como melhor forma para apontar transparência e se mistura ao conjunto noticioso do veículo.

---

[108] FENAJ. Federação Nacional dos Jornalistas Brasileiros. *Código de ética dos jornalistas brasileiros*, 2007. Disponível em: https://abrir.link/nSWJT. Acesso em: 14 ago. 2023.

[109] SCHAUSTER, Erin E.; FERRUCCI, Patrick; NEILL, Marlene S. Native advertising is the new journalism: How deception affects social responsibility. *American behavioral scientist*, v. 60, n. 12, p. 1408-1424, 2016.

[110] Ver Hoofnagle e Meleshinsky (2015), Tujaj e Van Reijmersdal (2012) e Wojdynski, Evans, 2016 *apud* Wojdynski, Golan (2016).

[111] FERREIRA, Daniela Pires; ROCHA, Liana Vidigal. O Branded Content como estratégia de financiamento no webjornalismo: uma análise de conteúdo do Estúdio Folha. *Revista Alterjor*, v. 24, n. 2, p. 33-55, 2021.

Para reconhecimento adequado do material considerado jornalismo de marca, observei as publicações tradicionais e as patrocinadas dos veículos. Foram identificadas inúmeras notícias de marca bastante similares às convencionais em termos de cor de fundo de páginas e tipografias. Ferrer-Conill *et al.*[112], ao analisarem aspectos imagéticos de material patrocinado na Alemanha, Israel, Noruega, Espanha e Suécia, são enfáticos ao afirmarem que em nenhum dos países os anúncios foram feitos para parecerem idênticos ou se distanciarem muito de outros itens de notícias. A mistura entre conteúdo editorial e conteúdo promocional pode minar a confiança do público nas fontes de informação. Wojdynski[113] reforça que anúncios de conteúdo patrocinado publicado enquanto notícia podem obscurecer a "fonte" da mensagem e a natureza de persuasão do conteúdo, principalmente quando anúncios forem relativamente indistinguíveis do conteúdo editorial.

Wojdynski[114] acredita que entre os prejuízos potenciais e preocupações éticas também estão a dificuldade em distinguir informações confiáveis e imparciais. A situação pode contribuir para prejudicar a capacidade dos consumidores de formar opiniões fundamentadas.

As preocupações também giram em torno das implicações para o jornalismo e um possível comprometimento da integridade jornalística ao introduzir interesses comerciais na produção de conteúdo. Deixando um pouco de lado o apelo idealista de autonomia jornalística, Carlson[115] questiona que para além das críticas às notícias mais suaves que aumentaram as receitas, ultrapassando as pesadas, que seriam essenciais para a manutenção da governança democrática, o que de fato não deve ser perdida é "a distinção entre jornalistas que criam determinado material para atrair o público em geral e anunciantes que trabalham para criar conteúdo para aumentar sua marca".

No Brasil, a prática do *branded content* está sujeita a algumas regulamentações que buscam garantir a transparência, a ética e a proteção dos consumidores. A principal está relacionada ao Código Brasileiro do Con-

---

[112] FERRER-CONILL, Raul *et al.* The visual boundaries of journalism: Native advertising and the convergence of editorial and commercial content. *Digital Journalism*, v. 9, n. 7, p. 929-951, 2021.

[113] WOJDYNSKI, Bartosz W. Native advertising: Engagement, deception, and implications for theory. *In:* BROWN, R.; JONES, V. K.; WANG, B. M. (ed.). *The New Advertising: Branding, Content and Consumer Relationships in a Data-Driven Social Media Era*. Santa Barbara, CA: Praeger/ABC Clio, 2016. p. 203-236.

[114] *Ibid, loc. cit.*

[115] CARLSON, Matt. When news sites go native: Redefining the advertising–editorial divide in response to native advertising. *Journalism*, v. 16, n. 7, p. 849-865, 2015.

selho Nacional de Autorregulamentação Publicitária (CONAR)[116] – entidade autorregulatória composta por anunciantes, agências de publicidade e veículos de comunicação – que estabelece diretrizes e princípios éticos para a publicidade em geral. O Conselho orienta que qualquer conteúdo que promova uma marca ou produto e que seja veiculado como parte integrante de um conteúdo editorial deve ser claramente identificado como publicidade. Isso significa que as empresas de mídia devem adotar medidas para garantir a transparência e evitar confusões entre o conteúdo editorial e o conteúdo publicitário.

Além do CONAR, outras regulamentações podem ser aplicáveis ao *branded content*, dependendo do setor ou segmento no qual a empresa atua. Por exemplo, no setor de alimentos e bebidas, e nos conteúdos dirigidos a crianças. Em 2016, o Conselho propôs representação ética para o que considerou uma ação de publicidade da empresa *Faber-Castell* durante a programação do canal por assinatura *Cartoon Network*, dirigida a público infantil, e com a participação de crianças, o que não é aceito. A anunciante e o canal por meio de defesas separadas explicaram que era, na verdade, ação de *branded content*, constituída por filmetes inseridos nos intervalos comerciais, obedecendo estritamente às recomendações da autorregulamentação publicitária. A relatora de primeira instância aceitou estas explicações, no entanto, o CONAR recorreu da decisão, por considerar que, em se tratando de uma prática publicitária nova, valeria também a manifestação da Câmara Especial de Recursos.

Em 2017, a entidade havia se posicionado sobre uma ação de *branded content* feita pela apresentadora Patrícia Poeta, pago pela empresa *Nutreo*, com o título: *Patrícia Poeta choca ao parecer 10 kg mais magra*, após uma reclamação de uma consumidora sobre uma postagem de natureza publicitária e que não estava claramente anunciada. Além disso, o anúncio não divulgava o registro do produto junto às autoridades sanitárias e não comprovava os resultados incluindo de perda de peso. A relatora recomendou a interrupção da peça, advertiu a anunciante, e incluiu no relato:

> É muito preocupante a postura desta anunciante, que usa de forma totalmente incorreta e de má-fé a ferramenta de *branded content*, não deixando claro que se trata de conteúdo publicitário, além do próprio conteúdo não ter nenhuma comprovação. Ainda mais preocupante é a quantidade de veículos que têm sido cúmplices deste tipo de comunicação.

[116] CONAR. Conselho Nacional de Autorregulamentação Publicitária. *Código Brasileiro de Autorregulamentação Publicitária*, 2021/2022. Disponível em: https://abrir.link/bKBUz. Acesso em: 12 ago. 2023.

> No momento em que o compartilhamento de *fake news* tem crescido exponencialmente é um dever dos veículos prezarem ainda mais sua credibilidade e idoneidade[117].

Quando se trata de redes sociais, a situação é ainda mais complexa. O Conselho lançou em 2020 um guia específico para influenciadores digitais na tentativa de minimizar as ocorrências nas publicações desses profissionais, incluindo o uso de *hashtags* claramente identificadas "#publicidade" e "#anúncio". O órgão reforça que "O anúncio deve ser claramente distinguido como tal, seja qual for a sua forma ou meio de veiculação".

---

[117] CONAR. Boletim do CONAR. *Código ganha anexo para publicidade de serviços de internet móvel*, 2017, p. 213. Disponível em: http://www.conar.org.br/pdf/conar213.pdf. Acesso em: 12 ago. 2023.

JORNALISMO DE MARCA, MIDIATIZAÇÃO E NOVAS PRÁTICAS

Uma vez que é possível observar a diminuição gradativa das redações jornalísticas no mundo, e o aumento das empresas investindo em produção de conteúdo, é importante estar atento a novas formas de comunicação. A mudança estrutural nos impressos reconfigura também os contextos discursivos onde o jornalismo, enquanto lugar de circulação e produção de sentidos, opera. "Vemos o jornalismo como um discurso: dialógico; polifônico; opaco; ao mesmo tempo, efeito e produtor de sentidos; elaborado segundo condições de produção e rotinas particulares; com um contrato de leitura específico, amparado na credibilidade de jornalistas e fontes"[118].

Os jornais têm maneiras específicas de operar a construção do sentido. Está submetido a articulações e acontecimentos, a condições de produção, e cada vez mais engloba novos dispositivos. É a própria incorporação de aspectos de uma cultura audiovisual, com novas preocupações estéticas, gráficas e de linguagem, de proximidade, inclusão de elementos discursivos que facilitam o acesso às informações e a leitura. "Em resumo, a nova reconfiguração da ecologia midiática obriga o jornal a um novo movimento não apenas de reordenação do *layout*, mas também de processos produtivos"[119].

É difícil ignorar uma publicação do *The New York Times*, mesmo sendo ela publicitária, pela legitimidade construída ao longo dos anos pelo impresso. A construção da realidade, a partir de posicionamento ideológico, nos permite analisar o jornalismo por um prisma mais amplo. É a compreensão de que a comunicação midiática funciona em um contexto específico, protagonizado não apenas pelo emissor e receptor, mas que considera toda a gama de estruturação social que os envolve. Sampaio[120]

---

[118] BENETTI, Márcia. Jornalismo e perspectivas de enunciação: uma abordagem metodológica. *Intexto*: Revista do Mestrado da Comunicação UFRGS. Vol. 1, n. 14 (jan./jun. 2006), p. 1-11, 2006. p. 2.

[119] ANDRADE, Ivanise Hilbig. *Construção de sentido no Jornalismo: operadores e estratégias de análise do discurso da imprensa*. Intercom–Sociedade Brasileira de Estudos Interdisciplinares da Comunicação 40º Congresso Brasileiro de Ciências da Comunicação - Curitiba (PR), 2017.

[120] SAMPAIO, Adriano de Oliveira. *A Marca São Paulo em manifestações audiovisuais*. Uma análise do posicionamento discursivo dos VT's de autopromoção da cidade pela SPTURIST. Intercom - Sociedade Brasileira de

reforça a ideia de construção da fidelização do público a partir da criação de unidade discursiva e de posicionamento da marca. Resumidamente, essa abordagem analítica fundamenta-se na avaliação dos domínios textual, potencial e real. Com base nessa premissa, cada empresa desenvolve um cenário factível em cada expressão de marca presente em suas campanhas de comunicação, contudo fundamentado em uma abordagem particular de interação com seu público-alvo[121]. Para Muniz[122], é imprescindível compreender que a publicidade utiliza a articulação simbólica de sentidos já existentes na cultura mediática em seu discurso. A publicidade, como uma forma de comunicação, está intrinsecamente ligada à capacidade de combinar elementos visuais e verbais em uma concepção estética, apresentando-se como um discurso transmitido por meio de anúncios e difundido pela mídia, adaptando-se às especificidades de cada veículo de comunicação.

Em Schudson[123] encontro o reforço da importância de compreender a existência de um sistema cultural que impõe o reconhecimento de um padrão de discursos. Sendo assim, necessário escolher uma narrativa, e dentro dela os jornalistas "moldam a sua percepção e fornecem o repertório formal para a apresentação dos acontecimentos, pelas instituições e rotinas"[124].

A produção midiática (enquanto mercado econômico) possui e preza por dois eixos-base: produção e anunciantes. É valorização da mídia enquanto mercadoria cultural[125]. Esse "elo" mercadológico tem ampliado sua gama tendo hoje inúmeras corporações com grande parte da produção de conteúdo no mundo. Canclini[126] destaca que são empresas e conglomerados selecionando suas publicações e dando recortes direcionados conforme aceitação e venda. As instituições sociais se transformam, também, em função da sua relação com os meios de comunicação.

Estudos Interdisciplinares da Comunicação, 41, 2018.

[121] SAMPAIO, Adriano de Oliveira. *A Marca São Paulo em manifestações audiovisuais*. Uma análise do posicionamento discursivo dos VT's de autopromoção da cidade pela SPTURIST. Intercom - Sociedade Brasileira de Estudos Interdisciplinares da Comunicação, 41, 2018.

[122] MUNIZ, Eloá; DO SUL, Rio Grande. *Discurso publicitário e produção de sentido*. Intercom- Congresso Brasileiro de Ciências da Comunicação. 2005.

[123] SCHUDSON, Michael. *Descobrindo a notícia*: uma história social dos jornais nos Estados Unidos. Petrópolis, RJ: Vozes, 2010.

[124] TRAQUINA, Nelson. *Teorias do Jornalismo*: porque as notícias são como são. 3. ed. Florianópolis: Insular, 2018. p. 176.

[125] VERÓN, Eliseo. *El análisis del contrato de lectura*. Les Medias: Experiences, 1985. p. 281.

[126] CANCLINI, Néstor Garcia. *Leitores, espectadores e internautas*. São Paulo: Iluminuras, 2008.

> Editoras francesas como Hachete e du Seuil, e boa parte da imprensa desse país, perdem sua autonomia ao serem incorporadas a grupos empresariais que englobam as mega-lojas Virgin, canais de televisão, comércio de armas, linhas aéreas e livrarias de muitos aeroportos[127].

Levando em consideração que no processo comunicacional jornalístico existem "regras" sobre o que é e como algo deve ser dito, para quem e quando dizer, há uma orientação clara sobre como se dará esse discurso. A construção de notícias ultrapassa técnicas e regras para desempenho da atividade, e envolve uma dimensão ainda mais simbólica sobre a construção da credibilidade jornalística no processo de entendimento do mundo social. Para as autoras Lisboa e Bennetti[128], a correlação entre o que o leitor espera sobre o que deveria ser jornalismo e o que é publicado passa pela credibilidade, que se torna maior ou menor justamente a partir da expectativa do sujeito, considerando como base para credibilidade questões de valores éticos e morais.

As constantes mudanças e adequações efetuadas pelas empresas midiáticas, nas últimas décadas, para manutenção e perpetuação do processo jornalístico, se tornaram ainda mais desafiadoras em uma era de pós-verdade, desinformação, diminuição de redações no mundo, relações em rede, com destaque para a mediação algorítmica. Em linhas gerais, essas mediações algorítmicas se dão por meio de plataformas, infraestruturas digitais que operam como espaços intermediários onde sociedade civil ou instituições podem estabelecer relações, se comunicar, promover ou envolver-se com conteúdos. Considero plataforma neste estudo, conforme a perspectiva de Poell, Nieborg e Van Dijck[129], "infraestruturas digitais (re)programáveis que facilitam e moldam interações personalizadas entre usuários finais e complementadores, organizadas por meio de coleta sistemática, processamento algorítmico, monetização e circulação de dados".

Conforme Corrêa[130] (2020), as empresas jornalísticas têm passado por transformações devido à influência das redes digitais, buscando se adaptar aos novos formatos que acompanham as mudanças no comportamento

---

[127] CANCLINI, Néstor Garcia. *Leitores, espectadores e internautas*. São Paulo: Iluminuras, 2008. p. 32.

[128] LISBOA, Silvia; BENETTI, Marcia. Credibilidade no jornalismo: uma nova abordagem. *Estudos de Jornalismo e Mídia*, v. 14, p. 51-62, 2017.

[129] POELL, Thomas; NIEBORG, David; VAN DIJCK, José. Plataformização. *Fronteiras - estudos midiáticos*. São Leopoldo, v.22, n.1, p. 2-10, 2020. p. 4. Disponível em: https://abrir.link/LiDWD. Acesso em: 11 ago. 2023.

[130] CORRÊA, Elizabeth. A plataformização das relações sociais: reflexões sobre a ressignificação da atividade comunicativa. *In:* FARIAS, Luiz Alberto de; LEMOS, Else; REBECHI, Claudia Nociolini (org.). *Opinião pública,*

da audiência em um cenário de plataformização da informação. A autora destaca que essa é uma tendência que já está em curso e deve continuar nos próximos anos. Nesse sentido, as empresas têm optado por estar presentes em plataformas sociais, buscando maior alcance, mas ao mesmo tempo tornando-se dependentes das governanças algorítmicas dessas plataformas. Corrêa[131] se refere especificamente a plataformas sociais e empresas de tecnologia como *Apple, Amazon, LinkedIn, Twitter,* além de *Google* e *Facebook*.

Uma questão relevante nesse processo diz respeito aos investimentos de publicidade destinados às plataformas e a reorganização das indústrias de mídia e *marketing* a partir disso. Hardy[132] chama a atenção para o domínio do *Google* e *Facebook* na publicidade digital, em que as empresas obtêm uma enorme parcela da receita das formas de publicidade. Eles operam a arquitetura e gerenciam o próprio mercado, oferecendo serviços que controlam a compra e venda de anúncios, promovem o controle dos dados que impulsionam a segmentação e monetização e estão presentes em quase todas as cadeias de valor[133].

Além desses aspectos tecnológicos, os dados desempenham um papel crítico na produção de jornalismo de marca. Assim como a otimização para mecanismos de busca se tornou fundamental para as operações editoriais tradicionais, influenciando a escolha de palavras-chave nas manchetes e a produção de conteúdo amigável ao *Google*, essa abordagem também afeta a manifestação comercial do jornalismo. Com a migração dos meios impressos para o ambiente online, ocorre uma convergência que dissolve as fronteiras entre notícias, anúncios e formatos híbridos, como o jornalismo de marca. Essa mistura de conteúdos cria uma arquitetura mais propensa às estratégias persuasivas[134].

Serazio[135] aponta ainda para o crescimento do *Facebook, Twitter* e *Google Adwords* como impulsionadores da higienização comercial. Isso se refere

---

comunicação e organizações: convergências e perspectivas contemporâneas. São Paulo: Abrapcorp, 2020. p. 152-163. Disponível em https://abrir.link/vGNnS. Acesso em: 17 jun. 2022.

[131] CORRÊA, Elizabeth. A plataformização das relações sociais: reflexões sobre a ressignificação da atividade comunicativa. *In:* FARIAS, Luiz Alberto de; LEMOS, Else; REBECHI, Claudia Nociolini (org.). *Opinião pública, comunicação e organizações*: convergências e perspectivas contemporâneas. São Paulo: Abrapcorp, 2020. p. 152-163. Disponível em https://abrir.link/vGNnS. Acesso em: 17 jun. 2022.

[132] HARDY, Jonathan. *Branded content*: the fateful merging of media and marketing. Routledge, 2021.

[133] *Ibid, loc. cit.*

[134] SERAZIO, Michael. Making (branded) news: The corporate co-optation of online journalism production. *Journalism Practice*, v. 14, n. 6, p. 679-696, 2020.

[135] *Ibid, loc. cit.*

ao processo em que as fronteiras entre diferentes formas de conteúdo se tornam menos distintas. Essas plataformas tiveram um papel significativo na mudança das práticas de publicidade, treinando as audiências a consumir informações em formatos que antes eram claramente distintos da publicidade. Os meios de comunicação também seguiram essa tendência, adaptando-se para atender às novas formas de consumo de informações, em que os limites entre conteúdo editorial e publicitário se tornam menos definidos.

A influência do algoritmo na ordenação do conteúdo nas redes sociais, especificamente no *Facebook* e no *Twitter*, pode ser observada conforme Wojdynski[136]. Essas plataformas oferecem aos anunciantes a opção de incluir postagens promovidas nos *feeds* dos usuários, onde o conteúdo é apresentado de forma contínua e organizado por algoritmos. Isso significa que a exposição de determinadas postagens é determinada pelos mecanismos. No caso do *Facebook*, os anunciantes podem adquirir postagens promovidas, as quais são inseridas no *feed* de notícias juntamente com outros tipos de publicidade. No *Twitter*, esses anúncios são apresentados sob a forma de *tweets* "promovidos", que possuem as mesmas características visuais, como tamanho, coloração, fontes e limites de caracteres, das demais postagens, porém exibem um texto promocional na parte inferior[137].

Esses recursos evidenciam o uso de algoritmos pelas plataformas de redes sociais para organizar e distribuir o conteúdo. Essa abordagem também pode ser observada em sites de conteúdo, onde os *hiperlinks* patrocinados são apresentados como "recomendação de conteúdo". De acordo com Wojdynski[138], o objetivo é fornecer aos usuários listas personalizadas de *links* com base em seus interesses individuais, visando maximizar a probabilidade de o usuário clicar no *link* e visitar o conteúdo sugerido. Essa prática destaca a busca por atender de forma personalizada as preferências dos usuários.

Outro ponto a ser destacado trata da responsabilidade e governança dessas plataformas. Por exemplo, *Google* e *Facebook*, apontados por Napoli[139], são considerados quase que estado nação de direito próprio. A ambiguidade na definição das plataformas por elas mesmas as coloca em um não lugar,

---

136 WOJDYNSKI, Bartosz W.; GOLAN, Guy J. Native advertising and the future of mass communication. *American Behavioral Scientist*, v. 60, n. 12, p. 1403-1407, 2016.

137 *Ibid, loc. cit.*

138 *Ibid, loc. cit.*

139 NAPOLI, P. M. The platform beat: Algorithmic watchdogs in the disinformation age. *European Journal of Communication*, v. 36, n. 4. 2021. p. 376–390. p. 2.

ao tempo em que as isenta das responsabilidades compelidas às instituições de mídia, por exemplo. São as novas formas de poder e governança por meio dos sistemas algorítmicos, alimentados por mecanismos de busca e plataformas de mídias sociais, exercido sobre os cidadãos[140].

As empresas de plataformas não produzem e publicam conteúdos por conta própria e, portanto, não se definem como editores[141]. Entretanto, elas promovem a relação entre os consumidores/leitores e produtores/instituições. Essa questão tem afetado diretamente a operação e manutenção das empresas jornalísticas, uma vez que há predominância no controle e distribuição de informações e da publicidade que passam principalmente por duas empresas, *Facebook* e *Google*. Essas mudanças não apenas perturbaram os modelos de negócios das entidades jornalísticas, mas também abalaram os próprios princípios e normas que sustentam o jornalismo, como a imparcialidade, a exatidão e a responsabilidade, conforme Van Djick[142]. A estrutura imposta pelas plataformas também resultou em consequências significativas para a organização do trabalho jornalístico: assim como a Uber emprega motoristas que não são seus funcionários, os jornalistas estão cada vez mais distanciados das instituições midiáticas. As plataformas preferem facilitar as conexões entre indivíduos e consumidores privados, em detrimento da colaboração coletiva e dos valores públicos[143].

Os efeitos dessas mediações e a interdependência do jornalismo e das plataformas ainda são muito complexos. Ao tempo em que as empresas midiáticas precisam, na maioria, difundir seus conteúdos noticiosos ou publicitários por meio dessas plataformas para distribuição, também se utilizam delas para colher dados. Para além das concepções sobre uso das tecnologias empregadas na criação dos suportes e formatos de disseminação de notícias, sem contar com direcionamento de audiência conforme programação algorítmica, as questões sociológicas vêm à tona como trazem Corrêa[144] e Farias, Lemos e Couldry[145].

---

[140] *Ibid, loc. cit.*

[141] EKSTRÖM, Mats; WESTLUND, Oscar. The dislocation of news journalism: A conceptual framework for the study of epistemologies of digital journalism. *Media and Communication*, v. 7, n. 1, p. 259-270, 2019. p. 259.

[142] VAN DJICK, Jose. A Sociedade da Plataforma: entrevista com José van Dijck. *Site DigiLabour*, 2019. Disponível em: https://abrir.link/DoafV. Acesso em: 13 ago. 2023.

[143] *Ibid, loc. cit.*

[144] CORRÊA, Elizabeth Saad; SILVEIRA, Stefanie Carlan da; DREYER, Bianca Marder. *Tendências em comunicação digital*: volume 2. 2017.

[145] FARIAS, Luiz Alberto de; LEMOS, Else; COULDRY, Nick. Do mito do centro mediado ao mito do Big Data: Reflexões sobre o papel da mídia na ordem social. *Comunicação Mídia e Consumo*, v. 16, n. 47, p. 407-431, 2019.

Farias, Lemos e Couldry[146] afirmam que as plataformas de mídias sociais e suas respectivas corporações adquiriram a capacidade de moldar a percepção do mundo social e, consequentemente, determinar como os eventos são interpretados, bem como categorizar e organizar esses eventos por meio de algoritmos. Conforme Corrêa[147], as plataformas sociais digitais atuam como um construto e intervêm nas estruturas sociais contemporâneas. É o enquadramento do mundo social, a partir das plataformas de mídias sociais e suas corporações.

Além da massificação do uso e presença dos veículos de comunicação tradicionais nas plataformas, é possível ver uma retroalimentação desse sistema. Por um lado, as empresas utilizam as plataformas enquanto canal de distribuição de notícias e informações e, por outro, se retroalimentam das mesmas para apuração de dados, fontes e até mesmo de notícias institucionais por meio de páginas das redes sociais. Pesquisadores apontam que tanto empresas quanto profissionais de comunicação agora possuem uma gama de habilidades necessárias e inerentes para operacionalização desse sistema. Como destaca Correa[148], "o profissional de comunicação necessita compreender e atuar nessa cadeia de relacionamentos plataformizada e algoritmicamente modulada para alcançar seu público e cumprir com sua mensagem".

A análise de algoritmos na construção de notícias já é uma realidade no jornalismo digital brasileiro, os veículos têm utilizado métricas que fornecem informações sobre o comportamento da audiência. O uso dos dados a partir dos cliques na página constitui parte dos pontos relevantes considerados para análise da audiência[149]. Essa mediação algorítmica pode afetar o alcance e a visibilidade das notícias, impactar nas receitas publicitárias e no engajamento do público. As empresas de comunicação estão buscando estratégias para diversificar suas fontes de tráfego e receita, investindo em estratégias de SEO (otimização para mecanismos de busca), explorando outras redes sociais e plataformas de distribuição de conteúdo, além de desenvolver relacionamentos diretos com os usuários por meio de *newsletters* e aplicativos.

---

146 *Ibid, loc. cit.*

147 CORRÊA, Elizabeth Saad; SILVEIRA, Stefanie Carlan da; DREYER, Bianca Marder. Tendências em comunicação digital: volume 2. 2017.

148 CORRÊA, Elizabeth. A plataformização das relações sociais: reflexões sobre a ressignificação da atividade comunicativa. *In:* FARIAS, Luiz Alberto de; LEMOS, Else; REBECHI, Claudia Nociolini (org.). *Opinião pública, comunicação e organizações*: convergências e perspectivas contemporâneas. São Paulo: Abrapcorp, 2020. p. 152-163. Disponível em https://abrir.link/vGNnS. Acesso em: 17 jun. 2022. Acesso em: 17 jun. 2022.

149 BARBOSA, Suzana Oliveira *et al.* Professional profile of the contemporary digital journalist. *In:* DITZNGER, Thomas. *Estudos em Big Data*. Springer, Cham, 2022. p. 195-209. p. 206.

> Juntamente com esses "inputs tecnológicos, os dados são igualmente críticos quando se trata de formatar a produção do jornalismo de marca. Assim como a otimização de mecanismos de pesquisa se tornou fundamental para as operações editoriais tradicionais de notícias — usando palavras-chave para manchetes e produzindo conteúdo mais amigável ao Google — também impactou sua manifestação comercial[150].

Os jornalistas precisam desenvolver habilidades no uso de tecnologias digitais e plataformização, com destaque para as de redes sociais, tornando comum e quase que predominante a apuração jornalística pelo *WhatsApp*, *Twitter*, entre outras ferramentas. Se em 2018 o botão de rede social predominante para compartilhamento de notícias pelo *Estúdio Correio* era o da rede social *Facebook*, em 2022 é o *WhatsApp*[151]. O aplicativo se destaca nas páginas da empresa, corroborando com o Relatório de Jornalismo Digital de 2019 do *Reuters Journal*, vinculado à Universidade de Oxford[152], que sobressalta a rede entre os canais mais utilizados para disseminação de notícias no Brasil, com 53%. No entanto, essa dependência das plataformas, incluindo redes sociais, também traz desafios e impactos, sendo uma das principais preocupações, além da falta de controle sobre os algoritmos que determinam quais conteúdos são apresentados aos usuários.

2.1 NEGÓCIOS DE MÍDIA

Os veículos midiáticos tradicionais e o mercado publicitário sentem as mudanças das últimas décadas: com diminuição do material analógico, precarização das redações, ajuste de formatos e conteúdos para atender uma gama de mudanças em níveis algorítmicos e datificados por meio da plataformização, além das novas práticas e modelos de negócio provenientes do trabalho em rede. No contexto dos novos negócios de mídia jornalística, há uma busca por modelos que sejam capazes de equilibrar as demandas de lucratividade e a transição das práticas offline para o ambiente online. Diversas propostas têm sido experimentadas, como diferentes formas de publicidade, assinaturas de conteúdo, acesso gra-

---

[150] SERAZIO, Michael. Making (branded) news: The corporate co-optation of online journalism production. *Journalism Practice*, v. 14, n. 6, p. 679-696, 2020. p. 10, tradução nossa.

[151] Disponível em: https://abrir.link/xrpEg. Acesso em: 24 mar. 2022.

[152] Disponível em: https://abrir.link/xrpEg. Acesso em: 24 mar. 2022.

tuito parcial, patrocínio, entre outras. No entanto, as empresas de mídia enfrentam o desafio de encontrar um modelo ideal que atenda a todas as complexidades envolvidas e que seja economicamente viável[153].

Conforme Corrêa e Lima[154], a conferência *PaidContent* de 2010 discutiu modelos de receita que rompiam com o paradigma de fazer os leitores pagarem pelo conteúdo, propondo abordagens combinadas de publicidade e acesso ao conteúdo, baseadas na mensuração do volume de leitura. Essa abordagem considera a troca de informações e interações positivas entre os consumidores como elementos cruciais para o sucesso no ambiente digital.

A mídia impressa no Brasil dependia principalmente da publicidade, venda e assinatura de exemplares para gerar receita. No entanto, no ambiente digital, parte da receita publicitária passa a ser direcionada para canais fora da cadeia tradicional[155]. É importante destacar que os jornais impressos enfrentam concorrência de buscadores como *Google* e de redes sociais como *Facebook* e *Twitter*, além de agências de publicidade digital e empresas de telecomunicação. TVs abertas competem com plataformas como *Netflix* e *iTunes*, que oferecem assinaturas online e produção de conteúdo e rádios enfrentam concorrência de rádios online e serviços de *streaming* de música como *Spotify* e *Deezer*. Essa mudança representa uma disrupção na indústria de comunicação tradicional, desestruturando o modelo de negócio anteriormente rentável e mundial que antes era dominado por um conglomerado de empresas de mídia, responsáveis pelo monopólio na produção, circulação e consumo de notícias[156].

Conforme Spinelli[157], as Tecnologias Digitais de Informação e Comunicação (TICs) têm impacto significativo ao promoverem mudanças rápidas e dinâmicas, amplificando os ciclos de inovação e provocando transformações na cadeia de valor do negócio de informação, de acordo com as diretrizes de uma sociedade digitalizada. A pesquisadora reforça que os meios tradicionais de jornalismo precisaram se reestruturar para viabilizar a inovação e atender aos interesses do público[158]. Um exemplo de ações inovadoras

---

153 CORRÊA, Elizabeth Saad; LIMA, Marcelo Coutinho. Negócios de mídia na era da midiatização: uma reflexão sobre os modelos de exposição e de interação. *Prisma. com*, n. 12, p. 26-52, 2010.

154 *Ibid, loc. cit.*

155 SPINELLI, Egle Müller; CORRÊA, Elizabeth Saad. Reinventar, valorar e fortalecer: estratégias de inovações em modelos de negócio nas organizações jornalísticas. *Comunicação & Inovação*, v. 18, n. 36, p. 79-94, 2017.

156 *Ibid, loc. cit.*

157 SPINELLI, Egle Müller. Tipos de inovação nas empresas informativas e a relevância da dimensão social. *Contemporânea Revista de Comunicação e Cultura*, v. 15, n. 1, p. 64-80, 2017.

158 *Ibidem*, 2017, p. 66.

de *marketing* foi o investimento do jornal *O Estado de S. Paulo* na criação de produtos multiplataforma como estratégia para ampliar seu núcleo de negócios, anteriormente concentrado na mídia impressa. Em 2014, o veículo implantou o sistema de pagamento chamado *paywall*, inspirado na ação criada pelo *The New York Times* em 2011, que passou a cobrar pelo acesso ao conteúdo digital após a leitura gratuita de uma quantidade mensal de notícias online, conforme explica Spinelli[159]:

> Além disso, o jornal ofereceu aos assinantes produtos customizados para os smartphones como os aplicativos Estadão Mobile, com notícias e informações em tempo real, e o Estadão Digital, uma versão digital e interativa da edição diária impressa, ambos elaborados com uma nova aparência, forma e usabilidade, explorando um visual e modelo de negócios diferenciado para atrair um novo segmento de mercado, que passou a receber outras alternativas para acessar informações já incorporadas no preço da assinatura do veículo[160].

Desde a década de 1990, as empresas jornalísticas têm se esforçado em desenvolver estratégias de negócios lucrativas em plataformas digitais[161]. No processo de implementação da sua estratégia, por exemplo, o *Grupo Estado*, que engloba o *Estadão*, direciona suas ações para a integração de conteúdo em várias plataformas de mídia, com o objetivo de estabelecer um posicionamento coeso e integrado em relação ao empreendimento como um todo. Nessa perspectiva, o grupo se baseia nas operações internacionais bem-sucedidas de referência, como o *The New York Times*, nos Estados Unidos, e o *The Guardian*, na Grã-Bretanha. Ambos os modelos se destacam por sua rentabilidade e pela integração com a identidade da marca jornalística[162].

Uma das opções implementadas pelas organizações jornalísticas tradicionais é a criação de laboratórios de inovação, também conhecidos como *medialabs* ou *labs*[163]. Para Salaverría[164], essas entidades são unidades

---

[159] SPINELLI, Egle Müller. Tipos de inovação nas empresas informativas e a relevância da dimensão social. *Contemporânea Revista de Comunicação e Cultura*, v. 15, n. 1, p. 64-80, 2017.

[160] *Ibidem*, 2017, p. 69.

[161] SALAVERRÍA, Ramón. Los labs como fórmula de innovación en los medios. *Profesional de la información*, v. 24, n. 4, p. 397-404, 2015. p. 403.

[162] CORRÊA, Elizabeth Saad; LIMA, Marcelo Coutinho. Negócios de mídia na era da midiatização: uma reflexão sobre os modelos de exposição e de interação. *Prisma. com*, n. 12, p. 26-52, 2010.

[163] CORRÊA, Elizabeth Saad; SILVEIRA, Stefanie Carlan da; DREYER, Bianca Marder. *Tendências em comunicação digital*: volume 2. 2017.

[164] SALAVERRÍA, Ramón. Los labs como fórmula de innovación en los medios. *Profesional de la información*, v. 24, n. 4, p. 397-404, 2015. p. 398.

ou departamentos dentro dos veículos de comunicação que se dedicam à pesquisa, experimentação, desenvolvimento e implementação de inovações tecnológicas e editoriais em suas organizações.

Salaverría[165] categorizou as atividades de 31 laboratórios em empresas jornalísticas em quatro categorias: 1- dedicados ao desenvolvimento de aplicações e tecnologias digitais; 2 - focados em explorar novas narrativas multimídia e jornalismo de dados; 3 - voltados para promoção de projetos empresariais e *startups*; e 4 - voltados para atividades de capacitação profissional e programas de alfabetização midiáticas. O terceiro modelo se concentra na promoção de projetos empresariais e iniciativas comerciais. Os laboratórios pertencentes a essa terceira categoria buscam oferecer soluções para esse desafio em constante evolução. "Em vários dos casos estudados, os laboratórios chegaram a adotar a estrutura de incubadoras de iniciativas empresariais ou *startups*, a fim de explorar novos negócios digitais"[166].

Também são observados esforços para explorar a vanguarda da tecnologia, do jornalismo e das narrativas, nas empresas tradicionais de mídia, em setores denominados "*Lab*", embora, na prática, atuem como departamentos voltados para experimentação e criação de conteúdo de marca (*branded content*)[167]. Entre os exemplos brasileiros mencionados pelos autores estão: *GLab*, espaço de criação de *branded content* da *Editora Globo*, I*nfoglobo* e *Valor Econômico*, bem como o *Media Lab Estadão*, vinculado ao jornal *O Estado de São Paulo*. Os laboratórios possuem equipes multidisciplinares compostas por profissionais de diversas áreas, que desenvolvem soluções integrando tecnologia, arte, ciências e *design*, e promove colaborações entre as equipes editoriais e comerciais. Similarmente, encontram-se iniciativas com enfoque semelhante denominadas "Estúdio", como o *Estúdio Folha* da *Folha de São Paulo* e o *Clic Studio* do jornal *Zero Hora*[168].

Apesar de esses espaços serem diretamente associados a produção de conteúdo para marcas, utilizando formato e técnicas de jornalismo, Corrêa, Silveira e Dreyer[169] argumentam que também se tornam locais de experimentação de processos inovadores para o jornalismo, desenvolvendo ferramentas de mensuração de resultados e audiência, gestão de mídias

---

[165] *Id.* Los labs como fórmula de innovación en los medios. *Profesional de la información*, v. 24, n. 4, p. 397-404, 2015.

[166] *Ibidem*, 2015. p. 398.

[167] CORRÊA, Elizabeth Saad; SILVEIRA, Stefanie Carlan da; DREYER, Bianca Marder. *Tendências em comunicação digital*: volume 2. 2017.

[168] *Ibid, loc. cit.*

[169] *Ibid, loc. cit.*

digitais e interpretação de dados estatísticos, "procedimentos que são importantes tanto para o setor comercial da empresa, como também para serem aplicados na compreensão dos valores da área editorial"[170].

2.2 IGREJA, ESTADO E A QUEDA DO MURO

A metáfora do muro tem em seu conceito a "separação entre igreja e Estado", colocando a redação como espaço sagrado na relação entre jornalismo e negócios. Nesse contexto, o muro é entendido como o limite entre as relações, sendo a redação caracterizada enquanto igreja e o lado empresarial como Estado[171].

Os dispositivos técnico-comunicacionais vêm se transformando, permitindo uma gama de múltiplas escolhas e consequências. Voltemos um pouco às décadas de 1980 e 1990 do século XX, antes mesmo da entrada da internet como propulsora de outra mudança radical no processo de consumo da comunicação e das marcas. Nas sociedades pós-industriais, o rádio e a televisão impuseram, por meio da comunicação de massa, uma corrida ainda maior pela audiência. Cresce o número de agências de comunicação, de formação de mão de obra mais especializada em publicidade. Reconhece-se aí a importância da comunicação no espaço político, cultural e social.

As normas que regem o jornalismo foram feitas a partir de construções discursivas, institucionalmente legitimadas, que remeteram ao longo do tempo à autonomia jornalística. O "muro", entre notícias e negócios, tal como apresentam estudiosos e pesquisadores da Comunicação foi "erguido" à base de uma mudança de postura empreendida no início do século XIX. A informação enquanto mercadoria deve muito a *Revolução Penny Press*[172], modificação estrutural dos impressos nos Estados Unidos por volta de 1830, onde os jornais eram pautados basicamente por questões da elite e entidades partidárias, e passou por diversificação da receita e das notícias. O fato ficou retratado como revolução do jornalismo norte-americano por inúmeras questões, mas principalmente por democratizar a comunicação, ampliar o leque de assuntos, incluir inúmeras propagandas e pela redução no valor de venda.

---

[170] *Ibidem*, 2017, p. 43.

[171] CODDINGTON, Mark. The wall becomes a curta*In:* Revisiting journalism's news–business boundary. *In: Boundaries of journalism*. Routledge, 2015. p. 67-82.

[172] Termo utilizado para tratar os impressos dos EUA do século XIX vendidos a um *penny*, ou um centavo (Schudson, 2010, p. 25).

> Os *penny papers* se consolidaram no mundo por meio de sua larga circulação, e da publicidade que isso atraiu, mais do que por contar com a venda de assinaturas e os subsídios provenientes dos partidos políticos. Esse fato racionalizou a estrutura econômica da edição de jornais. Fontes de receita que dependiam de laços sociais ou posição política foram substituídas por receitas de publicidade e vendas com base no mercado[173].

O modelo *Penny Press* levou "o triunfo da 'notícia' sobre o editorial e dos "fatos" sobre a opinião, uma mudança moldada pela expansão da democracia e do mercado, e que, com o tempo, conduziria a incômoda submissão do jornalista à objetividade[174]. Uma evolução de um sistema de impressão, distanciamento da imprensa partidária, a um posicionamento mais "profissionalizado", com linguagem mais próxima da investigação científica, tornando as organizações voltadas para o mercado final, "trocando a dependência do sistema político pela dependência do sistema financeiro"[175].

As teorias que buscaram conceituar o campo já destacavam como fato relevante a pressão do capitalismo. "O universo do jornalismo é um campo que está sob a pressão do campo econômico"[176]. Carlson[177] reforça que a profissão no jornalismo foi moldada por pressões comerciais. De uma forma sintética, porém global sobre a história do jornalismo, são apontadas por Traquina[178] três questões fundamentais para o desenvolvimento do Campo:

> 1) a sua expansão, que começou no século XIX com a expansão da imprensa, e explodiu no século XX com a expansão de novos meios de comunicação social, como o rádio e a televisão, e abre novas fronteiras com jornalismo on-line; 2) a sua comercialização, que teve verdadeiramente início no século XIX com a emergência de uma nova mercadoria, a informação, ou melhor dito, a notícia; 3) concomitantemente, o polo econômico do campo jornalístico está em fase da emergência do polo intelectual com a profissionalização

[173] SCHUDSON, Michael. *Descobrindo a notícia*: uma história social dos jornais nos Estados Unidos. Petrópolis, RJ: Vozes, 2010. p. 30.

[174] *Ibidem*, 2010. p. 25.

[175] CODDINGTON, Mark. The wall becomes a curta*In:* Revisiting journalism's news–business boundary. *In: Boundaries of journalism*. Routledge, 2015. p. 69, tradução nossa.

[176] BOURDIEU, Pierre. *Sobre a Televisão*. Rio de Janeiro: Jorge Zaahar, 1997. p. 77.

[177] CARLSON, Matt. When news sites go native: Redefining the advertising–editorial divide in response to native advertising. *Journalism*, v. 16, n. 7, p. 849-865, 2015.

[178] TRAQUINA, Nelson. *Teorias do Jornalismo*: porque as notícias são como são. 3. ed. Florianópolis: Insular, 2018.

> dos jornalistas e uma consequente definição das notícias em função de valores e normas que apontam para o papel social da informação numa democracia[179].

Nas sociedades industriais, em meio ao emaranhado de comunicação de massas, a televisão e o rádio criaram grandes monopólios, e tudo, ou quase tudo, passava por ali. A comunicação tornou-se parte embrionária do processo democrático e seus índices eram medidos tanto pelo potencial comercial quanto sobre sua capacidade de influência social. Entretanto, ao tempo em que abriu caminho para uma forma mais clara de comércio, apresentou o conceito de notícia como algo passível de consumo. Traquina[180] e Verón[181] reforçam a ideia de comercialização da notícia aos leitores. Schudson[182] defende se tratar de uma "mercadoria original", uma vez que os jornais tentavam retratar de forma mais realista, sem partidarismo, como eram vistos anteriormente, os acontecimentos. Assim, a notícia de um jornal passa a ser um produto passível de comparação com outras notícias a partir de critérios como: exatidão, integridade, vivacidade e atualidade.

Apesar das constantes tensões e mudanças, principalmente das inúmeras tentativas da publicidade de exercer cada vez mais influência sobre notícias, historicamente o equilíbrio entre notícias e negócios no jornalismo conseguiu ser exercido por décadas[183]. A fronteira entre as duas áreas, conhecida como "muro de separação igreja e Estado", coloca a metáfora da igreja enquanto os jornalistas e o estado como o empresarial. Uma instituição da redação como "espaço sagrado" em que violações seriam "heresias"[184]. Entretanto, os autores reforçam que apesar do simbolismo sempre houve algum grau de penetrabilidade no muro[185]. Carlson[186] ressalta que essa separação acomodaria as demandas de autonomia dos jornalistas enquanto enchia o cofre dos proprietários, e em teoria deixaria as decisões empre-

---

[179] *Ibidem*, 2018. p. 33.

[180] TRAQUINA, Nelson. *Teorias do Jornalismo*: porque as notícias são como são. 3. ed. Florianópolis: Insular, 2018.

[181] VERÓN, Eliseo. *El análisis del contrato de lectura*. Les Medias: Experiences, 1985.

[182] SCHUDSON, Michael. *Descobrindo a notícia*: uma história social dos jornais nos Estados Unidos. Petrópolis, RJ: Vozes, 2010. p. 30.

[183] CODDINGTON, Mark. The wall becomes a curta*In:* Revisiting journalism's news–business boundary. *In: Boundaries of journalism*. Routledge, 2015. p. 70, tradução nossa.

[184] *Ibidem*, 2015. p. 73, tradução nossa.

[185] CORNIA, Alessio; SEHL, Annika; NIELSEN, Rasmus Kleis. 'We no longer live in a time of separation': A comparative analysis of how editorial and commercial integration became a norm. *Journalism*, v. 21, n. 2, p. 172-190, 2020. p. 175.

[186] CARLSON, Matt. When news sites go native: Redefining the advertising–editorial divide in response to native advertising. *Journalism*, v. 16, n. 7, p. 849-865, 2015.

sariais distantes das dos editoriais. As organizações de notícias dariam aos anunciantes acesso a audiências de massa, "com a condição de que nenhuma influência sobre o conteúdo das notícias pudesse ser exercida. As exceções são muitas, mas continua sendo um princípio inabalável do jornalismo"[187].

Com a aspiração cada vez mais voltada para mercado, o jornalismo se distancia do ideal de estimular a participação dos cidadãos na vida democrática e passa a atender aos desejos do público, enquanto consumidores, acompanhando as crescentes demandas por retornos financeiros[188]. Traquina[189] é enfático ao afirmar que ao tempo em que o jornalismo seria considerado um serviço público, ele é também é feito por empresas que visam lucros, sendo considerado um negócio "que tem tendência para definir as notícias como uma mercadoria que vende jornais ou consegue um bom *share* de audiência"[190].

> Enquanto o serviço público como tema visa estabelecer e defender os objetivos idealizados no jornalismo profissional, a confiança é orientada para seus ativos idealizados. Assim como o muro, a credibilidade é caracterizada tanto como um imenso ativo social para os jornalistas – algo que eles possuem em quantidade suficiente para impulsionar virtualmente todo o seu valor social – quanto como algo continuamente em perigo de ser esvaziado por causa de violações da fronteira entre notícias e negócios[191].

A influência americana no jornalismo teve grande representatividade e fez história no Brasil por meio de um Programa de noticiário de TV e rádio, o *Repórter Esso*[192]. Pioneiro no formato de radiojornalismo no país, era patrocinado pela empresa americana *Stantard Oil Company of Brazil, Esso do Brasil*. As notícias radiofônicas, que evitavam o uso de adjetivos, curtas e com linguagem direta, formato utilizado ainda hoje, eram enviadas pela agência de notícias americana *United Press International*, responsável pela criação do manual que ditava como seriam os informativos: diretos, curtos, e checados antes da divulgação.

[187] *Ibidem*, 2015. p. 3, tradução nossa.

[188] CODDINGTON, Mark. The wall becomes a curta*In:* Revisiting journalism's news–business boundary. *In: Boundaries of journalism*. Routledge, 2015.

[189] TRAQUINA, Nelson. *Teorias do Jornalismo*: porque as notícias são como são. 3. ed. Florianópolis: Insular, 2018.

[190] *Ibidem*, 2018. p. 208.

[191] CODDINGTON, Mark. The wall becomes a curta*In:* Revisiting journalism's news–business boundary. *In: Boundaries of journalism*. Routledge, 2015. p. 73, tradução nossa.

[192] Transmitido pela primeira vez no Brasil em 28 de agosto de 1941, através da Rádio Nacional, no Rio de Janeiro. O programa teve início nos Estados Unidos em 1935.

O *Repórter Esso* ficou no ar por quase 30 anos, inicialmente no rádio, posteriormente na TV. A empresa também expandiu para publicações em jornais e revistas e em 1956 criou o *Prêmio Esso de Jornalismo*. Embora tenha sido histórica a atuação da empresa, ela não era pioneira no estilo de patrocínio a programas no Brasil, a estratégia era comumente utilizada por multinacionais e passou a ser a base de sustento de muitos jornais brasileiros. As revistas femininas também experimentaram esse aumento exponencial de publicidade em formatos de anúncios mais semelhantes a matérias jornalísticas.

> A sociedade mediática emerge no século XX, na correia do surgimento dos meios de comunicação ditos de massa. A revolução industrial proporciona, entre outros, dois grandes acontecimentos que marcam esse século precedente: (1) a urbanização – a população sobretudo, no ocidente, torna-se mais urbana, formando conglomerados cada vez maiores, fazendo com que (2) o advento dos meios de comunicação de massa passe a fazer parte do cotidiano de milhões de pessoas. É possível assistir à imprensa com tiragem que ultrapassa 1 milhão de exemplares em algumas grandes cidades, no início do século XX; o rádio expandindo-se já nos anos 10 e 20; a televisão com transmissões a partir dos anos 30; sem falar no cinema inventado no final do século XIX, porém, com um extraordinário crescimento no século XX; e no final do século, o aparecimento da internet[193].

A derrubada do muro que historicamente separava o jornalismo da publicidade resultou em uma notável transformação na linguagem jornalística no início do terceiro milênio[194]. Marshall explica que além dos tradicionais gêneros informativo, interpretativo e opinativo, surgiu o gênero de "jornalismo cor-de-rosa" no século XX, resultado da intersecção e interação entre os interesses públicos e privados. Essa evolução é um "reflexo da adesão incondicional da imprensa à mentalidade ultraliberal do livre mercado e da estetização da sociedade de consumo"[195].

Há um processo de transgenia: informação e publicidade se fundem e legitimam a lógica publicitária em detrimento da informação, voltadas essencialmente ao mercado. Essa lógica também se dá no âmbito da

193 FERREIRA, Giovandro Marcus. Estudos de Comunicação: da enunciação à mediatização. *Intexto*, p. 101-117, 2016. p. 103.

194 MARSHALL, Leandro. *O jornalismo na era da publicidade*. Summus Editorial, 2003.

195 *Ibidem.*, p. 119.

mentalidade do jornalista contemporâneo, de forma que a audiência e o mercado estão à frente da informação. Seria, para ele, um modelo capitalista, uma prática de produção[196].

2.3 INTEGRAÇÃO: REDAÇÕES JORNALÍSTICAS E SEUS ESTÚDIOS E *LABS*

O aumento da publicidade digital, a cegueira pelos *banners* tradicionais, a necessidade de ampliação de receita, além das experiências de sucesso de sites nativos digitais completos a exemplo de *Buzzfeed* e afins, estão entre os motivadores para a ascensão dos Estúdios pela mídia noticiosa tradicional[197]. Os processos publicitários foram afetados fortemente pela automação e surgimento das empresas de tecnologia envolvidos na compra, venda, criação, distribuição e programação da publicidade[198]. A tríade central de atores permanece sendo: profissionais de *marketing*, agências de *marketing* e mídia, e uma gama de atores intermediários que prestam serviços especializados e onde se combinam atividades associadas à tríade. "Os próprios atores centrais incorporam o hibridismo, oferecendo serviços historicamente associados a outros atores institucionalmente constituídos: editores tornando-se agências de publicidade, enquanto marqueteiros e agências tornam-se provedores de conteúdo de mídia"[199].

A ascensão do *marketing* de conteúdo e, consequentemente, do jornalismo de marca em sites de notícias, cresceu nos últimos anos, com destaque para última década[200]. Chamado de *AdVoice*, o conteúdo de marca da *Forbes* começou em novembro de 2010[201]. Conhecido como executivo pioneiro associado ao desenvolvimento da publicidade nativa, o executivo da *Forbes*, Lewis D'Vorkin, ofereceu às marcas a possibilidade de comprar e escrever *blogs* patrocinados e hospedados "disfarçados de editorial, no site

---

[196] MARSHALL, Leandro. *O jornalismo na era da publicidade*. Summus Editorial, 2003. p. 33.

[197] HARDY, Jonathan. *Branded content*: the fateful merging of media and marketing. Routledge, 2021.

[198] INTERACTIVE ADVERTISING BUREAU- IAB BRASIL. *IAB Brasil divulga dados inéditos sobre o investimento em publicidade digital no país*. Disponível em: https://abrir.link/urXvD. Acesso em: 22 mar. 2022. p. 868.

[199] HARDY, Jonathan. *Branded content*: the fateful merging of media and marketing. Routledge, 2021. p. 868, tradução nossa

[200] ARRESE, Ángel; PÉREZ-LATRE, Francisco J. 2.4 The Rise of Brand Journalism. *In:* SIEGERT, Gabriele, VON RIMSCHA, M. Bjørn, GRUBENMANN, Stephanie. *Commercial Communication in the Digital Age*: Information or Disinformation? Berlin, Boston: De Gruyter Saur, 2017. https://doi.org/10.1515/9783110416794

[201] HARDY, Jonathan. *Branded content*: the fateful merging of media and marketing. Routledge, 2021.

de notícias"[202]. A migração do jornalismo e da publicidade impressos para os espaços digitais permitiu uma convergência nos formatos de publicidade até então comumente utilizados. Embora D'Vorkin tenha reconhecido que o jornalismo de marca e o jornalismo tradicional não seriam o mesmo, afirmava que estariam mais próximos do que se imaginava. "A missão central – informar – continua a mesma. Assim como um jornalista pode informar, uma marca também pode informar, oferecendo *insights* ou perspectivas"[203].

Se por um lado havia uma mudança no fluxo de pagamento – diminuição dos impressos e dos investimentos de publicidade tradicionais – e as receitas de publicidade digital não eram suficientes para promover uma compensação[204], por outro lado, os editores de notícias viram entrar um novo tipo de receita, via conteúdos nativos. "Os meios de comunicação que vão desde a mídia tradicional como a revista *Atlantic*, até a *startupBuzzfeed*, adotaram a publicidade nativa para gerar receita"[205]. Carlson[206] acredita que a publicidade nativa estava crescendo e se popularizando tanto entre *startups* como *Buzzfeed, Huffington Post, Gawker*, quanto por marcas mais antigas como *Forbes, The New York Times* e *Wall Street Journal*. Conforme apontado por Hardy[207], esse movimento levou os editores a adotarem modelos de desenvolvimento de conteúdo de marca, com alguns editores maiores promovendo estúdios de conteúdo que integravam venda de anúncios com a criação de conteúdo.

Em janeiro de 2014 o *New York Times* lança a primeira campanha de publicidade nativa, dois meses depois o *Wall Street Journal* apresenta anúncios nativos, seguidos por *Tribune Company* e *Washington Post*[208]. Na Espanha, entre 2014 e 2016, são lançados pelos principais editores de notícias unidades de *branded content* e no Reino Unido o *Guardian* lança *Guardian*

[202] SERAZIO, Michael. Making (branded) news: The corporate co-optation of online journalism production. *Journalism Practice*, v. 14, n. 6, p. 679-696, 2020. p. 5.

[203] D'VORKIN, Lewis. *How To Make A Splash With Brand Journalism*. Campaign, Haymarket Media Group Ltd, 29/05/2014. Disponível em: https://abrir.link/UBefq. Acesso em: 12 ago. 2023.

[204] CARLSON, Matt; LOCKE, Andrew. How News Organizations Sell Native Advertising: Discourses of Integration and Separation on In-House Content Studio Web Sites. *Journalism Studies*, p. 1-17, 2022.

[205] WANG, Ye; LI, You. Understanding "native advertising" from the perspective of communication strategies. *Journal of Promotion Management*, v. 23, n. 6, p. 913-929, 2017. p. 915, tradução nossa.

[206] CARLSON, Matt. When news sites go native: Redefining the advertising–editorial divide in response to native advertising. *Journalism*, v. 16, n. 7, p. 849-865, 2015.

[207] HARDY, Jonathan. *Branded content*: the fateful merging of media and marketing. Routledge, 2021.

[208] WANG, Ye; LI, You. Understanding "native advertising" from the perspective of communication strategies. *Journal of Promotion Management*, v. 23, n. 6, p. 913-929, 2017.

Labs em 2014[209]. Em 2016, o *Independent*, também do Reino Unido, ousou e apostou na integração entre as partes comercial e editorial, que até então estava sendo desempenhada por meio de criação de estúdios e *labs* (núcleos de conteúdo). O veículo passou a contratar editores e escritores e atribuir responsabilidades editoriais e comerciais e informou o fato ao público em meio ao anúncio do fim da versão impressa[210].

O fator econômico vem direcionando os caminhos que o jornalismo vem tomando, inegavelmente. Com o crescimento desta oportunidade de negócio, incluindo a criação dos Estúdios, as redações passaram a se reestruturar em termos de atividades e promover novos formatos de produtos publicitários. Trata-se de espaços criados por organizações midiáticas que buscam promover estúdios de conteúdos internos para clientes em potencial.

De acordo com Bueno[211], a comercialização de espaços do editorial pelos veículos era uma prática que já existia no Brasil, porém não era assumida pelos meios de comunicação de maior prestígio, mas passou a ser reconhecida com foco em aumentar a receita dos impressos. Conforme o autor, a *Folha de S. Paulo* foi pioneira nesse sentido ao comunicar em outubro de 2015 a criação de um núcleo, o *Estúdio Folha,* para oferecer conteúdo sob medida para marcas. À época, o veículo chegou a mencionar o jornal britânico *The Guardian* como exemplo na prestação do serviço[212].

As empresas de comunicação, historicamente, buscam os recursos necessários para se manterem, o que dificulta a "desejada" autonomia econômica e política. Embora esses limites tenham de ser renegociados, pesquisadores apontam que essa relação entre os departamentos editorial e comercial, geralmente descrita por agentes participantes do processo como colaboração e não separação, tendem a um posicionamento mais positivo, enquanto resultado de um processo contínuo de mudança buscada para se adaptar a um ambiente de mídia que segue se transformando[213]. Estudos

[209] HARDY, Jonathan. *Branded content*: the fateful merging of media and marketing. Routledge, 2021.

[210] DAVIES, Jessica. *The Independent's hiring writers to do both native ads and edit content*. Digiday, 17 de março de 2016. Disponível em: https://digiday.com/media/independent-building-native-ad-team-tapping-journalists/. Acesso em: 12 ago. 2023.

[211] BUENO, Wilson da Costa. *O jornalismo patrocinado como estratégia nos negócios*: rupturas e tensões no processo de comunicação de marca. Comunicação estratégica e integrada: a visão de 23 renomados autores em 5 países. Tradução. Brasília: Rede Integrada, 2020. Disponível em: https://abrir.link/EmxQe. Acesso em: 26 jun. 2023.

[212] *Ibid, loc. cit.*

[213] CORNIA, Alessio; SEHL, Annika; NIELSEN, Rasmus Kleis. 'We no longer live in a time of separation': A comparative analysis of how editorial and commercial integration became a norm. *Journalism*, v. 21, n. 2, p. 172-190, 2020. p. 179.

recentes buscam entender como essa nova prática profissional de integração entre comercial e editorial passa a ser renegociada entre os profissionais de comunicação, entre eles jornalistas e editores e gerentes, tanto do ponto de vista de legitimação quanto de contestação[214]. O ponto forte deste processo é justamente o *background* das empresas midiáticas e de seus profissionais de saber produzir conteúdo.

> Dado que as organizações de notícias já criam conteúdo, essa expansão para conteúdo patrocinado se torna uma estratégia para lucrar com os pontos fortes organizacionais existentes. Ao ir além das notícias, as organizações de notícias estão expandindo a amplitude que produzem para incluir conteúdo patrocinado que fica ao lado do conteúdo de notícias tradicional[215].

A influência do conteúdo de marca sobre os profissionais reconfigura os espaços, não apenas os espaços mediáticos, mas também as normas dos trabalhadores e as práticas jornalísticas. O *ethos* de jornalistas e editores segue se transformando, agora envolvidos em atividades de criação e distribuição de conteúdo de marca junto aos anunciantes[216]. Os profissionais de jornalismo de marca já encontram espaços específicos e até "comunidades" em sites profissionais, a exemplo do *Linkedin*. Criado em 2010, o *BRAND Storytelling & Journalism*, possuía 9.000 integrantes em 2022, e é destinado a líderes, organizações e profissionais para aprender e interagir sobre narrativa e jornalismo de marca, *marketing* de conteúdo e publicidade nativa.

Ao integrarem e promoverem trocas de experiências nessas comunidades, os profissionais desenvolvem coletivamente normas e convenções compartilhadas da prática profissional[217]. Em estudo realizado a partir de jornais e emissoras de seis países europeus, Cornia, Sehl e Nielsen[218] conduziram uma análise comparativa sobre como os discursos dos editores

---

[214] Ver Carlson (2105), Carvajal e Barinagarrementeria (2021) e Cornia, Sehl e Nielsen (2020).

[215] CARLSON, Matt; LOCKE, Andrew. How News Organizations Sell Native Advertising: Discourses of Integration and Separation on In-House Content Studio Web Sites. *Journalism Studies*, p. 1-17, 2022. p. 3, tradução nossa.

[216] CARVAJAL, Miguel; BARINAGARREMENTERIA, Iker. The Creation of Branded Content Teams in Spanish News Organizations and Their Implications for Structures, Professional Roles and Ethics. *Digital Journalism*, v. 9, n. 7, p. 887-907, 2021. p. 887.

[217] LEE, Kyung. *The rise of brand journalism*: Understanding the discursive dimensions of collectivity in the age of convergence. University of Pennsylvania, 2015. p. 16.

[218] CORNIA, Alessio; SEHL, Annika; NIELSEN, Rasmus Kleis. 'We no longer live in a time of separation': A comparative analysis of how editorial and commercial integration became a norm. *Journalism*, v. 21, n. 2, p. 172-190, 2020.

e gerentes de negócios desmantelam normas tradicionais e estabelecem novas normas e práticas profissionais, com base na integração, em vez da separação das operações editoriais e comerciais.

> Constatamos, em primeiro lugar, que a norma tradicional de separação não desempenha mais o papel central que costumava desempenhar. Em seus discursos retóricos e normativos, tanto editores quanto gestores enfatizam a necessidade de adotar o que consideram soluções organizacionais mais integradas e eficientes. Em segundo lugar, descobrimos que surgiu uma nova norma, que chamamos de norma de integração. A nova norma baseia-se na combinação de valores editoriais estabelecidos com valores como colaboração, adaptação e pensamento empresarial, e já desempenha um papel importante na legitimação de novas práticas baseadas em trocas frequentes entre as equipes editorial e comercial. Terceiro, mostramos como a interação entre as normas tradicionais e novas leva a negociações difíceis que muitas vezes não são resolvidas[219].

Novas normas de integração entre editorial e comercial seguem sendo construídas, incluindo as tradicionais habilidades dos jornalistas na construção de conteúdos informativos credíveis à adaptabilidade e pensamento de negócios[220]. As pesquisas até aqui mencionadas sugerem, além de um novo conjunto de práticas que vem sendo desenhado a partir das junções entre as editorias comerciais e editoriais, a legitimação das formas híbridas das práticas produtivas do jornalismo de marca, provenientes, na maioria, dos discursos dos profissionais, das equipes que operam e produzem o conteúdo a ser transmitido nos veículos midiáticos.

A indústria também vem tentando articular diretrizes para uniformizar o uso das corretas nomenclaturas e normas em torno das ações desenvolvidas e a comunidade acadêmica tem mobilizado esforços em diferentes continentes na tentativa de avaliar as implicações para os campos e profissionais, e os impactos para o jornalismo, publicidade, relações públicas e mídias sociais.

---

[219] CORNIA, Alessio; SEHL, Annika; NIELSEN, Rasmus Kleis. 'We no longer live in a time of separation': A comparative analysis of how editorial and commercial integration became a norm. *Journalism*, v. 21, n. 2, p. 172-190, 2020. p. 173, tradução nossa.

[220] Ver Carlson (2015), Carvajal e Barinagarrementeria (2021) e Cornia, Sehl e Nielsen (2020).

Matt Carlson e Andrew Locke[221] analisaram como 17 estúdios internos de organizações de notícias vendem conteúdo para marca, entre eles: *Forbes, Wall Street Journal* e *Washington Post.* Reconhecendo que as organizações jornalísticas enfrentam desafios para manter seus *status* como fornecedores de notícias confiáveis, ao mesmo tempo em que buscam aumentar suas receitas frente às dificuldades enfrentadas no mercado publicitário, os autores apontam que essa dinâmica pode resultar em um enfraquecimento da distinção entre o conteúdo orientado para o mercado e o jornalismo tradicional. "Ao adotar a história como um descritor de produto primário e se afiliar semanticamente à redação, o *marketing* de conteúdo obscureceu e confundiu os propósitos de cada divisão"[222].

No contexto das atividades diárias dos profissionais de jornalismo de marca de veículos como *The New York Times, The Guardian* e *Buzz-Feed,* Serazio explica que enquanto rotina as estruturas internas seriam semelhantes a mini-redações reais com reuniões diárias de reportagem, departamentos e rondas por tópicos e equipes para entrevista, filmagem, escrita, edição e *layout*[223].

Com base no diagrama da Figura 3 é possível visualizar a convergência de nuances formadoras do jornalismo de marca, a congruência entre: Fundamentos do jornalismo tradicional – rotinas de produção e técnicas de reportagem das redações; Fatores e pressões da economia política – tendências industriais e habilidades de mão de obra; além da introdução de novas tecnologias e plataformas – cultura de convergência e plataformas de autopublicação.

[221] CARLSON, Matt; LOCKE, Andrew. How News Organizations Sell Native Advertising: Discourses of Integration and Separation on In-House Content Studio Web Sites. *Journalism Studies*, p. 1-17, 2022.

[222] CARLSON, Matt; LOCKE, Andrew. How News Organizations Sell Native Advertising: Discourses of Integration and Separation on In-House Content Studio Web Sites. *Journalism Studies*, p. 1-17, 2022. p. 14.

[223] SERAZIO, Michael. As outras notícias 'falsas': ideais profissionais e ambições de objetividade no jornalismo de marca. *Jornalismo*, v. 22, n.6, 2019 p. 6. https://doi.org/10.1177/1464884919829923

Figura 3 – Influências na produção do jornalismo de marca

Diagram 1. Influences on brand journalism production.

Fonte: Serazio (2019)

A sustentabilidade do negócio também foi a justificativa encontrada entre os profissionais que compõem equipes de jornalismo de marca nos meios de comunicação espanhóis. Carvajal e Barinagarrementeria[224] examinaram como as organizações de notícias da Espanha implementaram a estratégia de criação de equipes de conteúdo de marca, em cerca de oito jornais impressos e digitais, entre eles *El País* e *El Mundo*. Embora tenha identificado que grande parte dos *hubs* operam de forma independente do departamento editorial, o estudo não determina o grau de influência que o comercial tem nestas organizações. As equipes geralmente são compostas por profissionais que trabalhavam em departamentos de notícias e se transformaram em editores e gerentes de produtos. Os autores identificaram três modelos organizacionais diferentes em tamanho, escopo e perfil: autônomo, integrado e emergente.

> Os meios de comunicação nacionais de médio ou grande porte tem um modelo autônomo que não depende do departamento editorial para nenhuma das principais fases do processo de produção. Há uma segunda estrutura organizacional que chamamos de modelo integrado que compartilha os recursos

[224] CARVAJAL, Miguel; BARINAGARREMENTERIA, Iker. The Creation of Branded Content Teams in Spanish News Organizations and Their Implications for Structures, Professional Roles and Ethics. *Digital Journalism*, v. 9, n. 7, p. 887-907, 2021.

> de design e produção audiovisual da equipe de branded content com o restante do departamento editorial. Finalmente, o modelo emergente foi identificado como retardatário, meios de comunicação com menos experiência. Esses departamentos são às vezes compostos por equipes únicas[225].

A integração entre as equipes editoriais e comerciais tem levado à criação de convenções compartilhadas no jornalismo de marca. A emergência de uma nova norma de integração é evidente, combinando valores editoriais com a colaboração, a adaptação e o pensamento empresarial. Essa interação entre normas tradicionais e novas tem gerado negociações complexas entre os profissionais envolvidos no processo. A análise dessas mudanças é fundamental para compreendermos o jornalismo de marca e como ele se relaciona com o cenário econômico e tecnológico em constante evolução.

[225] *Ibidem*, 2021. p. 16.

3

JORNALISMO DE MARCA NO BRASIL: MAPEAMENTO E ANÁLISE

Este capítulo se propõe a oferecer uma análise do cenário do jornalismo de marca no contexto brasileiro, por meio de uma abordagem metodológica qualitativa-descritiva. Com base na lista dos de 42 veículos de comunicação auditados pelo Instituto Verificador de Circulação (IVC) durante o ano de 2022, busca-se mapear e compreender as principais práticas de negócios de *branded content* adotadas pelas empresas de comunicação.

Uma constatação inicial que se destaca é a contínua diminuição na circulação de jornais impressos. Em contraste, ganha relevância a emergência dos chamados *Labs*, Estúdios e *Hubs* de jornalismo de marca como resposta à demanda crescente por conteúdo personalizado. Esses espaços, apesar de operarem de maneira autônoma, estão ligados a organizações jornalísticas consolidadas e se apresentam como uma resposta mais atual à criação e disseminação de conteúdo publicitário.

Essa investigação também evidencia o papel do jornalismo de marca no contexto brasileiro. Mais da metade das empresas analisadas (55%) possui equipes especializadas em *branded content*, que envolvem profissionais de comunicação, jornalismo e publicidade. Em consonância com essa tendência, exploro três práticas principais de negócios[226]: a Independente, a Híbrida e a Complementar[227].

A Prática Independente é adotada por empresas que mantêm equipes exclusivas para a produção de conteúdo de marca. Estas equipes, compostas por profissionais multidisciplinares, inovam e desenvolvem identidades próprias para as marcas, frequentemente em conglomerados de mídia.

Por sua vez, a Prática Híbrida caracteriza-se por uma maior integração entre equipes editoriais e comerciais. O setor comercial geralmente lidera a

[226] Como resultado da pesquisa foram criadas categorias para ilustrar as práticas identificadas.

[227] Pesquisas anteriores apontavam para outras formas de funcionamento em equipes de *branded content* na Espanha, incluindo a categorização de modelos (Carvajal e Barinagarrementeria, 2021).

aquisição de clientes e define o conteúdo, com jornalistas da própria organização frequentemente responsáveis pela produção de conteúdo para marcas. A colaboração interdepartamental é um elemento-chave nesse modelo.

Por fim, exploro a Prática Complementar, onde os veículos de comunicação utilizam predominantemente o conteúdo fornecido pelas empresas contratantes ou agências. O material passa por revisão editorial antes da publicação, garantindo a coerência com o estilo editorial do jornal. Essa prática visa manter a identidade do jornal, mantendo uma operação consistente em diferentes regiões do país.

Apesar das diferenças, as práticas Independente, Híbrida e Complementar compartilham o objetivo de atingir sustentabilidade financeira e promover a colaboração entre as equipes de trabalho. Eles incorporam a personalização das narrativas como um componente vital nos novos modelos de negócios da mídia. Nesta seção, explorarei cada um desses práticas em detalhes, compreendendo seu impacto e implicações no contexto do jornalismo de marca no Brasil.

3.1 PROCEDIMENTOS METODOLÓGICOS

Conforme apresentado, o jornalismo de marca é uma atividade presente em diversos países do mundo, incluindo o Brasil. O novo modelo de negócios permite uma reestruturação nas relações entre publicidade e jornalismo, agora ainda mais fortalecida a partir dos Estúdios criados por empresas midiáticas tradicionais. Carlson[228] explica que muitos dos veículos de mídia abrigam estúdios internamente para facilitar a produção de conteúdo para os anunciantes propondo uma institucionalização da colaboração publicidade-editorial. Na tentativa de responder como opera o jornalismo de marca no Brasil, e discutir os modelos de práticas, foi preciso percorrer um caminho ainda mais amplo, uma vez que a escolha metodológica adequada é essencial para pesquisas científicas ao influenciar a qualidade, confiabilidade e validade dos resultados.

A metodologia adotada se caracterizou como de natureza qualitativa-descritiva[229], por meio do levantamento de veículos de comunicação que produzem jornalismo de marca no Brasil. Como recorte temporal, foram priorizados s veículos jornalísticos brasileiros auditados pelo IVC

---

[228] CARLSON, Matt. When news sites go native: Redefining the advertising–editorial divide in response to native advertising. *Journalism*, v. 16, n. 7, p. 849-865, 2015.

[229] GIL, Antônio Carlos *et al. Como elaborar projetos de pesquisa.* São Paulo: Atlas, 2002.

no ano de 2022 (um total de 42 jornais) e foi finalizado no ano de 2023. A partir disso, foram realizadas pesquisas exploratórias, levantamento dos dados de interesse, categorização, aplicação de formulários e entrevistas semiestruturadas. Salienta-se ainda que a pesquisa contou com uma revisão sistemática de bibliografia como forma de contribuir com as análises e fundamentação do mapeamento realizado.

O objetivo inicial era promover uma análise comparativa de dois veículos, um nacional e outro regional, avaliar e comparar a operacionalização do jornalismo de marca em duas diferentes instâncias do país, dando sequência a pesquisa exploratória realizada nos estúdios *Folha* e *Correio*, vinculados aos jornais *Correio24horas* e *Folha de S. Paulo*, respectivamente, por Rubim e Andrade[230]. Os resultados destacaram a falta de padronização na apresentação de conteúdo aos leitores. O *Estúdio Correio* manteve aspectos visuais semelhantes à mídia tradicional, enquanto o *Estúdio Folha* diferenciou-se ao identificar conteúdo patrocinado, com formatos e fontes distintos. Os achados revelaram a integração entre atividades comerciais e editoriais e seus impactos na produção de conteúdo. Entretanto, a partir dos dados levantados, fez-se necessário ampliar o objeto para melhor compreender o fenômeno social.

A fase exploratória, inicial, permitiu definir o objeto mais claramente, aprofundar as teorias e inferir pressupostos, tornando a ampliação do corpus necessária para uma amostra de qualidade, apoiada nas indicações de pesquisa qualitativa e suas respectivas etapas[231]. A partir daí, ampliou-se o olhar para a obtenção de dados sobre a prática do jornalismo de marca em um contexto Brasil, por meio de um mapeamento e categorização dos veículos que produzem jornalismo de marca e compreender suas práticas.

Após analisar o cenário midiático e a partir do referencial teórico levantado, não foi identificado um mapeamento de meios de comunicação que produzem jornalismo de marca no Brasil capaz de direcionar a pesquisa, o que resultou na mudança de análise de conteúdo para mapeamento das instituições midiáticas nacionais que produzem conteúdo sob medida para marcas.

---

[230] RUBIM, Michelle M.; ANDRADE, Ivanise. H. *Jornalismo de Marca:* O uso da credibilidade jornalística na produção de conteúdo publicitário. 44º Congresso Brasileiro de Ciências da Comunicação - Intercom, 2021. p. 16. Disponível em: https://bit.ly/46SdvbY. Acesso em: 11 ago. 2023.

[231] DE SOUZA MINAYO, Maria Cecília; DESLANDES, Suely Ferreira; GOMES, Romeu. *Pesquisa social*: teoria, método e criatividade. Editora Vozes Limitada, 2011.

Para direcionamento do mapeamento foram definidos os critérios, incluindo delimitação do objeto e amostra. Por se tratar de um mapeamento ainda não existente, o levantamento de veículos nacionais que produzem jornalismo de marca, foi necessário levantar de forma mais abrangente a utilização desse recurso para contribuir com as pesquisas que estão em andamento sobre o objeto. A primeira etapa contou com uma revisão da literatura sobre jornalismo de marca e *marketing* de conteúdo. Para compreender melhor sobre as abordagens e aplicações do jornalismo de marca, além de suas práticas, foi preciso obter algumas amostras de publicações de conteúdos produzidos para marcas nos jornais, disponíveis em suas versões digitais, como evidência empírica. O método contribuiu para identificar como o produto se assemelha ou diferencia de outras publicações do próprio jornal, traçando uma correlação inicial entre características.

Como parte da coleta de dados, de modo a facilitar a execução do desenvolvimento da pesquisa, ficou definido que a amostra utilizada seria baseada a partir dos dados disponibilizados pelo Instituto Verificador de Comunicação (IVC), do ano de 2022. O órgão é reconhecido nacionalmente e disponibiliza informações sistemáticas de circulação das publicações impressas e digitais no Brasil. Em 2022, a lista de empresas midiáticas apuradas pelo Instituto apontava 42 veículos.

Para melhor condição da amostra foram definidos dois critérios:

a. Ser um jornal de publicação periódica com edições diárias ou semanais;

b. Ter controle de tiragem pelo IVC.

Os critérios possibilitaram filtrar duas empresas que foram retiradas do universo de pesquisa. As edições especiais, uma revista semanal e uma publicação anual: o *Top Of Mind* e a *Revista São Paulo*, que também compõe a relação de impressos verificados, deixaram a amostra. No total geral, foram pesquisadas 40 empresas de comunicação noticiosa do Brasil, conforme aponta o Quadro 2.

Quadro 2 – 40 veículos auditados pelo IVC listados em ordem alfabética

Veículo	Periodicidade	Cidade
A Tarde	Diária	Salvador
A Tribuna (Santos)	Diária	Santos
Aqui (Consolidado)	Diária	Belo Horizonte
Aqui DF	Diária	Brasília
Aqui MG	Diária	Belo Horizonte
Correio Braziliense	Diária	Brasília
Correio do Estado	Diária	Campo Grande
Correio do Povo	Diária	Porto Alegre
Correio*	Diária	Salvador
Cruzeiro do Sul	Diária	Sorocaba
Daqui	Diária	Goiânia
Diário do Pará	Diária	Belém
Diário Gaúcho	Diária	Porto Alegre
Estado de Minas	Diária	Belo Horizonte
Expresso da Informação	Diária	Rio de Janeiro
Extra	Diária	Rio de Janeiro
Folha da Manhã	Diária	Passos
Folha de Londrina	Diária	Londrina
Folha de S. Paulo	Diária	São Paulo
Jornal da Cidade	Diária	Bauru
Jornal de Brasília	Diária	Brasília
Massa!	Diária	Salvador
Meia Hora	Diária	Rio de Janeiro
Meio Norte	Diária	Teresina
Na Hora H	Diária	Brasília
Notícias do Dia (Florianópolis)	Diária	Florianópolis

Veículo	Periodicidade	Cidade
O Amarelinho	Semanal	São Paulo
O Dia	Diária	Rio de Janeiro
O Estado de S. Paulo	Diária	São Paulo
O Globo	Diária	Rio de Janeiro
O Popular	Diária	Goiânia
O Povo	Diária	Fortaleza
O Tempo	Diária	Belo Horizonte
Pioneiro	Diária	Caxias do Sul
Super Notícia	Semanal	Belo Horizonte
Tribuna	Diária	Vitória
Tribuna do Norte	Diária	Natal
Tribuna do Norte (PR)	Diária	Apucarana
Valor Econômico	Diária	São Paulo
Zero Hora	Diária	Porto Alegre

Fonte: Instituto Verificador de Comunicação (2022)

A partir do indicativo de quais seriam as empresas utilizadas na amostra, foi elaborado um questionário para coleta de dados iniciais e aplicado nos veículos de comunicação entre agosto e dezembro de 2022. Foram aplicados 40 formulários[232] para editores e gerentes comerciais dos veículos, por telefone e e-mail, a fim de obter informações como: a confecção ou não de *branded content* ou jornalismo de marca; a existência de equipes exclusivas para criação de conteúdo para marcas e, em caso de existência, quando foram criados os *Hubs* ou Estúdios; quais profissionais fazem parte da equipe (quantidade e especialidade), além de possível sustentabilidade do negócio com geração de receita por meio dessa atividade. No início de cada abordagem os participantes foram informados de que suas respostas seriam anônimas.

[232] Termo referencial para quando a entrevista é totalmente estruturada, com alternativas de resposta previamente estabelecidas (Gil, 2002).

A partir dos dados obtidos no formulário, a etapa seguinte compreendeu entrevistas, que complementaram os dados coletados, possibilitando um aprofundamento da análise do fenômeno, colaborando para a sua interpretação. Foram realizadas seis entrevistas semiestruturadas com profissionais de cada uma das três práticas de jornalismo de marca identificados no Brasil, aprofundados mais adiante. A visão dos sujeitos entrevistados contribui, conforme Bauer e Gaskell[233], para construir um referencial para pesquisas futuras e testar as expectativas e hipóteses, ademais de uma perspectiva teórica. As entrevistas foram realizadas entre janeiro e agosto de 2023. Quanto ao roteiro, as perguntas focaram na percepção dos entrevistados sobre experiências e práticas dos jornais na confecção do jornalismo de marca, rotinas e responsabilidades[234].

3.2 DESCRIÇÃO DA AMOSTRA

Com a queda crescente da circulação de impressos no Brasil, os jornais têm visto suas receitas diminuírem cada vez mais ao longo do tempo. Conforme o IVC, dados divulgados pelo *Poder360*, em uma lista de 15 dos principais veículos brasileiros registraram uma queda de circulação de 16% em média em 2022. Nos últimos quatro anos, a queda já acumula 46% na soma dos exemplares, a tiragem saiu de 843.231 para 394.130 exemplares.

A tendência de queda não é recente, entretanto apresenta uma situação mais alarmante se aliada ao número de assinaturas digitais de jornais no país. Apesar de ter avançado cerca de 2,9% em 2022, o número de assinantes digitais de 12 tradicionais jornais brasileiros apresenta o menor crescimento desde 2018, atingindo 1.115.895 assinantes. Ainda conforme os dados do IVC disponibilizados pela empresa, as três empresas de comunicação com melhor desempenho na circulação digital são *O Globo*, *Folha* e *Estadão*. As empresas disputam no digital um palco ainda mais diversificado, com produtores de conteúdo, redes sociais e com outros produtos informativos disponibilizados pelas grandes plataformas.

Com as receitas mais baixas de assinaturas e circulação dos impressos, e consequentemente das receitas de publicidade que derivam de métricas

[233] BAUER, Martin W.; GASKELL, George. *Pesquisa qualitativa com texto, imagem e som*: um manual prático. Editora Vozes Limitada, 2017.

[234] Os participantes das entrevistas não serão identificados neste estudo. Todos os envolvidos consentiram com a utilização do conteúdo das entrevistas e forneceram autorização por meio de um termo de consentimento livre e esclarecido, manifestando sua concordância em participar da pesquisa.

de consumo das mídias, há também a queda em investimentos publicitários tradicionais. A inovação é um ingrediente bastante requerido para manter as receitas diante do cenário atual. Uma das formas de inovação utilizada pelas empresas de comunicação tem sido a criação de *Labs* e estúdios de produção de jornalismo de marca.

3.3 CONTEÚDO SOB MEDIDA: APRESENTAÇÃO E ANÁLISE DOS DADOS

Presente em todas as regiões do país, a prática do jornalismo de marca pode ser vista em maior quantidade nas empresas jornalísticas da região Sudeste, que possui o maior número de empresas de comunicação. Apesar da existência territorial expressiva, cerca de 80% da mídia brasileira se concentra nas regiões Sudeste e Sul[235], o que pode explicar a alta concentração de jornalismo de marca também nessas áreas. A Figura 4 apresenta a lista das empresas de comunicação, periodicidade e suas respectivas presenças nas cidades brasileiras.

No mapa, é possível visualizar os círculos mais intensos de azul que apontam uma maior aglomeração de empresas por espaço geográfico, já os círculos mais claros apontam uma menor concentração de empresas nas regiões.

[235] De acordo com o levantamento do *Media Ownership Monitor/MOM* (Monitoramento da Propriedade da Mídia) cerca de 80% dos escritórios de comando dos grupos que controlam os 50 maiores veículos de mídia nacionais estão nas regiões Sul e Sudeste. Disponível em: http://brazil.mom-gmr.org/br/destaques/concentracao-espacial/. Acesso em: 20 jan. 2023.

Figura 4 – Empresas jornalísticas no Brasil

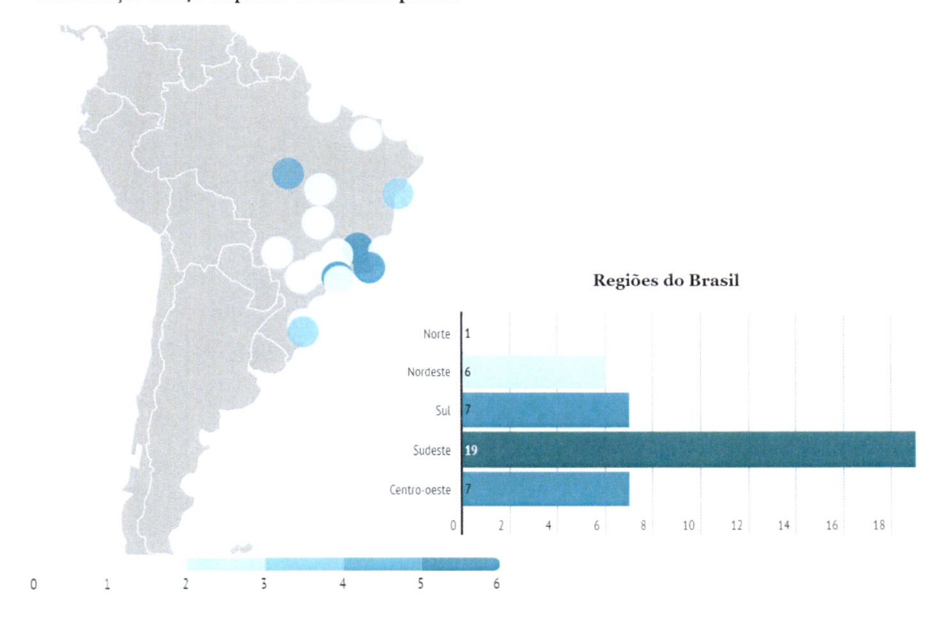

Fonte: a autora

A amostra é representativa, uma vez que fazem parte da composição veículos de imprensa diários e semanais, auditados de forma independente pelo IVC. O Instituto usa as métricas de circulação das publicações para monitoramento da audiência das empresas de mídia, que compreende uma parcela significativa de organizações noticiosas do país, com participação de jornais locais, regionais e nacionais. O mapeamento também examinou como as organizações de notícias implementaram as estratégias para construção de conteúdos para marcas e resultou na identificação da existência de, pelo menos, três práticas organizacionais de jornalismo de marca, no qual aprofundarei mais adiante. A partir daí, viso compreender como essas equipes estão atualmente organizadas. Das 42 empresas de comunicação que compõem a amostra, duas apontaram não promover *branded content* ou jornalismo de marca, uma no Nordeste e outra no Sudeste do país, conforme Figura 5.

Figura 5 – Empresas que fazem jornalismo para marcas

Fonte: a autora

Cerca de 95% das empresas de comunicação brasileiras que compõem a amostra produzem algum tipo de conteúdo para marcas patrocinadoras e utilizam seus canais para divulgação dos conteúdos. Segundo o mapeamento, das 38 empresas de notícia que produzem conteúdos de marca no país, mais da metade possui equipe exclusiva de branded content, cerca de 55%, com núcleos específicos para a produção desses conteúdos. Os três jornais que figuram o topo da lista entre os de maior assinatura do país, *O Globo, Folha* e *Estadão,* possuem escritório de *branded content*. Para melhor reconhecimento e compreensão, foram observadas publicações convencionais e de marcas dos veículos analisados. A observação permitiu a confirmação dos dados levantados a partir da aplicação dos formulários. A Figura 6 traz exemplos de conteúdo sob medida promovidos pelos jornais.

Figura 6 – Exemplos de conteúdo de marca dos jornais

Fonte: captura de tela (2023)

Foram encontradas similaridades imagéticas entre o material produzido pelo editorial dos jornais, e publicados em seus portais, e material produzido para marcas e compartilhados em suas páginas, conforme é possível observar na Figura 7.

Figura 7 – Conteúdo de marca x notícia

Fonte: captura de tela (2023)

Apesar das distinções marcadas na imagem à direita, no material produzido para marca, com destaque para *Tag* (publieditorial) e empresa patrocinadora, as semelhanças entre os produtos são notáveis: tipografia, disposição dos elementos na página, cor de fundo, entre outros. Na última década, *native advertising* e *branding journalism* vêm sendo analisados de forma empírica, normativa e crítica por pesquisadores. Os estudos procuram abordar questões sobre rótulo do conteúdo, efeitos da prática, análise de conteúdo, linguagem, divulgação e as regulamentações publicitárias de inúmeros países[236]. Para Wojdynski, o produto é mais difícil de ser localizado em consultas e pesquisas, em comparação com outras formas de conteúdos publicados pelos jornais, por diversos motivos, entre eles: o conteúdo é variado para buscar por palavras-chave temáticas ou em banco de dados e as práticas de divulgação não seguem um padrão, às vezes estão anexados em imagens e não são lidos por mecanismos de buscas.

[236] WOJDYNSKI, Bartosz W.; GOLAN, Guy J. Native advertising and the future of mass communication. *American Behavioral Scientist*, v. 60, n. 12, p. 1403-1407, 2016.

Nas pesquisas exploratórias efetuadas como parte do mapeamento, a situação ficou evidente. Nas análises do *Estúdio Correio*, do *Correio24horas* na Bahia e *Estúdio Folha*, do *Folha de S. Paulo*, foram identificadas formas de apresentação de jornalismo de marca distintos, sem padronização na apresentação dos conteúdos, sendo o *Estúdio Correio* idêntico nos aspectos imagéticos entre notícias produzidas pela mídia tradicional e Estúdio, e variando no uso de *tags* que identifiquem o material, alternado entre uso de logo do Estúdio ou apenas *tags* na chamada da matéria. Já o *Estúdio Folha* busca sinalizar que se trata de um produto patrocinado e possui páginas com formatos e fontes diferentes das notícias convencionais do site[237].

Em geral, os veículos oferecem os serviços semelhantemente sob a nomenclatura de *Branded Content* em forma de venda de material informativo nos espaços dos jornais, revistas e sites para divulgação de conteúdo. Nas relações contratuais, os textos e fotos podem ou não ser produzidos pelo jornal, ou equipe exclusiva que promove a confecção do material, ou serem enviados pela empresa contratante para o veículo. Os espaços a serem ocupados, a inclusão de *banner*, divulgação do conteúdo em outros meios, o tempo de duração do conteúdo no ar, além de possível utilização de outras publicidades ou chamadas, incluindo *banners* e afins, são acordadas entre as partes. Predominantemente, as empresas de comunicação estruturam suas propostas nos *Media Kits*, *folders* de divulgação dos serviços prestados pela empresa, comumente produzidos pelos setores comerciais.

Uma única empresa, no caso dos grandes conglomerados de mídia brasileiros, oferece serviços nos *Media Kits* para seus diferentes produtos e respectivas mídias (revistas e jornais, programas de determinadas editorias e segmentos, como moda, automobilístico e esporte), mas também podem incluir outras mídias. A empresa patrocinadora escolhe o serviço de *Branded content* no segmento ou editoria conveniente e de acordo com sua área de atuação ou interesse de mercado. Os valores podem sofrer severas variações a depender do segmento escolhido; os de economia e automobilísticos são comumente superiores em relação a outros conteúdos. Outro ponto de destaque é a variação de custos e a correlação com as regiões do país, no caso de veículos nacionais. Por exemplo, o valor aplicado no Sudeste difere dos aplicados no Norte e Nordeste. Os

---

[237] RUBIM, Michelle M.; ANDRADE, Ivanise. H. *Jornalismo de Marca:* O uso da credibilidade jornalística na produção de conteúdo publicitário. 44º Congresso Brasileiro de Ciências da Comunicação - Intercom, 2021. p. 16. Disponível em: https://bit.ly/46SdvbY. Acesso em: 11 ago. 2023.

custos também são influenciados pela posição na página e cadernos dos jornais. O *Branded content* tem custo e diretrizes específicos, que pode incluir adicional se houver produção pelo próprio jornal, e é claramente diferenciado de informe publicitário.

A diversidade de formatos de conteúdos para marcas foi abordada nos capítulos anteriores, mas vale reforçar que a distinção entre os serviços no *folder* corrobora com pesquisas sobre *branding journalism* e publicidade nativa, e as diferenças entre conteúdo publicitário e promocional da última década. Yang e Li[238] falam sobre a compreensão da "publicidade nativa" a partir das perspectivas das estratégias de comunicação. Os autores sugerem que a publicidade nativa (considerada no texto enquanto conteúdos editoriais nos sites de notícias) exibe algumas características do conteúdo patrocinado, difere da publicidade tradicional ou dos anúncios publicitários e imita o estilo e formato jornalístico. Uma das principais distinções apontada seria a de que a publicidade tradicional e os anúncios publicitários teriam a ênfase nos produtos e marcas dos patrocinadores.

A utilização da credibilidade do jornal está diretamente atribuída à produção dos conteúdos para as marcas e a confiança das marcas está depositada nas organizações de notícias a partir dessas relações. Como parte do discurso encontrado entre os entrevistados estava justamente a utilização da palavra credibilidade, ao se referirem sobre o que leva marcas a investirem nesse tipo de material.

> *A regra de ouro é identificação clara de que é paga pela marca. Se você tenta confundir você perde a credibilidade. Ter o display no padrão que é conteúdo patrocinado. A segunda, o conteúdo é feito se valendo das técnicas de produção de conteúdo jornalístico, precisa ser nativo, escrito no mesmo tom e na mesma qualidade, para não ser alheio, quer ser vista de maneira orgânica* (Gerente jornal Sudeste, 2023).

Entre os pontos relevantes estão: a expertise dos profissionais em produzir conteúdo, a relação com os leitores e a utilização dos canais da empresa para falar com seu público, uma vez que grande parte do que é produzido para as marcas é veiculado nos canais oficiais dos jornais, impressos, online e redes sociais.

---

[238] WANG, Ye; LI, You. Understanding "native advertising" from the perspective of communication strategies. *Journal of Promotion Management*, v. 23, n. 6, p. 913-929, 2017.

> *A produção do material é próxima do que o jornal já faz no cotidiano. Existe pensamento estético para que o leitor não estranhe o conteúdo, que precisa ser orgânico, não pode ter cara de informe publicitário. O núcleo tem a liberdade de trabalhar, se precisar sair do convencional para uma estética diferente podemos, respeitando as diretrizes do jornal (Gerente Lab Nordeste, 2023).*

O fato potencializa a opção dessa empresa de comunicação de utilizar como padrão o que já é publicado pelo jornal para a produção de jornalismo de marca. Também limita a participação do cliente na influência sobre o conteúdo produzido, afinal grandes alterações poderiam provocar uma fuga da linguagem ou do acordo do veículo com seu leitor.

3.3.1 Estratégia de sustentabilidade

O impacto positivo nas receitas da indústria midiática brasileira pode ser apontado como balizador para a permanência e ampliação dos negócios de marca a partir dos resultados coletados. A sustentabilidade das empresas de comunicação foi o ponto de maior sintonia e defesa tanto entre os veículos que fazem jornalismo de marca no Brasil, quanto entre os profissionais entrevistados, sejam os gestores das redações ou comerciais. Ao serem questionados sobre de que forma esses profissionais acreditam que essa nova fonte de receita impactará na sustentabilidade das organizações, eles informaram que o jornalismo de marca afeta positivamente a indústria midiática a qual pertencem. O aumento da procura pelo material foi o incentivador para a abertura e aumento de investimentos do *hub* independente, conforme entrevistado:

> *É a galinha dos ovos de ouro. O núcleo traz muitos resultados positivos e as marcas não fazem mais apenas anúncios, elas querem contar histórias, querem estar atreladas a boas histórias e isso tem impactado nosso departamento. Cada vez mais o setor de novos negócios a partir do conteúdo tem ganhado força e isso tem se traduzido em mais pessoal, e mais investimentos. A empresa aposta na gente, desde a abertura do núcleo e principalmente após os resultados, crescemos bastante nos últimos anos* (Gerente Lab Nordeste, 2023).

O conteúdo patrocinado é uma fatia considerável do faturamento. Apresentado como *branded content* no portfólio de vendas das empresas, as ações envolvem também a construção de conteúdo em formato de *brand journalism*. Aqui considero como produto similar a matéria jornalística feita pelas empresas de comunicação. Entretanto, o *branded content* apresenta variações de formatos, estilos e peças, assim como um leque que inclui *on* e *off*, produtos exclusivamente digitais, redes sociais e programas distintos. Questionado sobre a importância da receita do *branded content* para a categoria jornalística, o entrevistado foi enfático:

> *O branded content tem se mostrado como alternativa para produção de receitas. Entendo esse movimento com finalidade muito nobre e que seguirá em expansão. O branded content vai crescer e dar possibilidade para mais jornalistas e publicitários e, ao mesmo tempo, também para os veículos mais tradicionais, afinal contribui para gerar receita, um importante para faturamento total de publicidade dos veículos* (Gerente Lab Sudeste, 2023).

Essa gerente de contas vê com otimismo o novo modelo de negócios, mas não acredita na ultrapassagem da fatia dessa receita em relação a outras aplicadas pela empresa atualmente, como publicidade online. *"É uma ferramenta a mais, mas não é receita suficiente para sustentar todo o negócio. Ainda há procura grande por banners tradicionais, por exemplo, tem boa receita, mas para nosso jornal ainda não têm tanta significância quanto para outros"*, conclui. Outro entrevistado acredita, enquanto tendência futura, em uma maior valorização por profissionais de comunicação, e aumento de contratações fora das redações por empresas para produção desse conteúdo. *"A importância desse tipo de comunicação para as marcas tem sido vista e acredito que ainda deve crescer mais. Há uma valorização das empresas que agora contratam assessorias de imprensa e apresentam material com mais qualidade"*.

Os custos para produção de conteúdo para marcas apresentam expressiva variação no país. Além de depender da empresa escolhida, podem sofrer variações também em relação a formatos: impressos, revistas ou pacotes digitais, incluindo redes sociais. O custo de divulgação de *branded content* em um pacote *premium* digital, por exemplo, é de aproximadamente meio milhão de reais, cerca de R$ 460 mil (em 2022), em um veículo na região Sudeste. E inclui uma chamada (com utilização de um ou mais *banners* nas páginas de um site), mídia nativa, post no *Facebook*, mídia de engajamento adicional (com 500 mil impressões) e *post* extra no *Instagram* ou *Linkedin*. Já os custos de apenas produção do conteúdo nesse mesmo veículo, que contém uma imagem e um texto, fica por cerca de R$ 6.800. O pacote *premium* promete cerca de 18 mil *pageviews* e impacto em cerca de um milhão de pessoas. Empresas de menor porte, ou regionais, oferecem produção e divulgação de uma matéria de uma página com variações de custo entre R$ 2.000 e R$ 7.000.

A pesquisa aponta para uma crescente adesão pelas empresas midiáticas da criação dos espaços de produção exclusivos para conteúdos em formatos jornalísticos, totalizando 21 empresas aderentes aos núcleos. Os espaços são voltados para experimentação de produtos e serviços voltados para práticas comerciais, e contribuem para geração de receitas para a empresa. Predominantemente, as empresas de mídia noticiosa costumam utilizar a referência de *Labs* ou Estúdios quando se referem aos núcleos que começaram a surgir no país a partir de 2014, conforme Figura 8[239].

Figura 8 – Lançamento dos Estúdios no Brasil

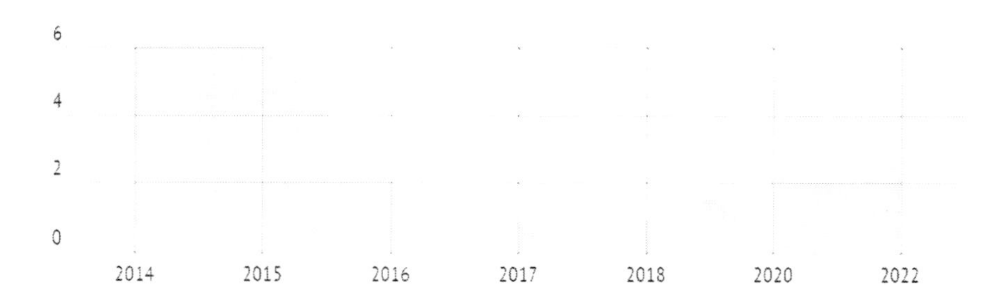

Fonte: a autora

Como podemos observar, na última década houve um crescimento significativo de conteúdo publicitário em formato de notícias, incluindo a criação dos *Hubs* de jornalismo de marca. Apenas em 2014 e 2015 foram lançados 12 novos núcleos. Geralmente descritos como espaços para produção de "conteúdos sob medida para marcas", os setores de *branded contente* envolvem a expertise de diferentes profissionais, entre eles jornalistas, publicitários, designers, além de trabalhar com equipes editoriais e comerciais.

[239] Dos 42 jornais analisados, 21 possuem equipe exclusiva, outros 17 veículos utilizam técnicas de jornalismo para dar visibilidade à marca sem equipe exclusiva e dois não fazem jornalismo de marca.

As grandes redes de comunicação da Europa, Reino Unido, Estados Unidos e Brasil iniciaram a operacionalização da abertura dos Estúdios. Por exemplo, O *The New York Times* promoveu alguns conteúdos de publicidade nativa em 2014 poucos meses antes do lançamento do *TBrand Studio,* estúdio de conteúdo sob medida do jornal e em 2015 instalou sua operação também em Londres. Também em 2014 o *El Pais* funda a equipe de *branded content,* além do The *Guardian.* Entre 2014 e 2016 jornais como *The New York Times, The Guardian, Tribune Company, Washington Post, El Pais, Wall Street Journal* passam a contar com produção de conteúdo para marcas (Wang, Li, 2017; Hardy, 2021; Carvajal, Barinagarrementeria 2021), além de *O Globo e Folha de S. Paulo,* no Brasil. Tem início os estúdios como *TBrand Studio, Guardian Labs, Prisa Content, GLab, Estúdio Folha, Blue Studio,* entre outros (Figura 9).

Figura 9 – Quantitativo de *Hubs* no Brasil

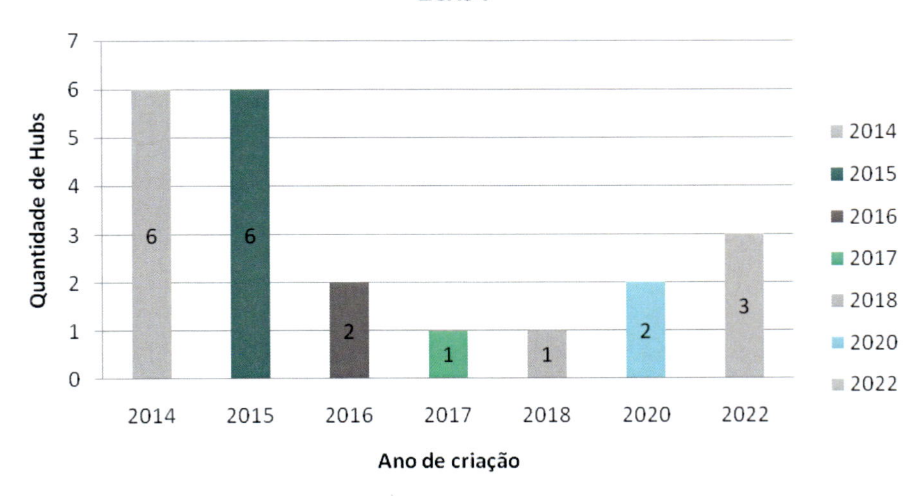

Fonte: a autora

Seguindo uma tendência de modelo de negócios internacionais, no Brasil os anos de 2014 e 2015 tiveram o maior número de criação de *hubs,* totalizando 12 novos núcleos. Seguidos de 2016 (2), 2017 (1), 2018 (1), 2020 (2), 2022 (3), conforme observado na Figura 14. Entre os motivos que alavancam as mudanças dos modelos de negócios da mídia noticiosa, estão associados, entre outros fatores, o lançamento de empresas digitais, a exemplo do *Buzzfeed*, e a queda de investimentos em publicidade tradicional e desconfiança do público em *banners* e propagandas[240].

As relações entre as empresas de mídias e as marcas se dão em um novo palco. Essa compreensão de um novo espaço que agora atende as marcas prioritariamente, deriva de uma mudança de comportamento-organizacional na indústria da mídia e foi espelhada a partir de grandes corporações também aqui no Brasil. Em seus *slogans*, os *Hubs* brasileiros utilizam palavras como: conteúdo sob medida, conteúdo de alta performance, conectando audiências, para definir que tipo de histórias criam. No entanto, buscam fazer referência em suas respectivas páginas ao rigor e à qualidade dos jornais que os abrigam[241].

O fator divulgação de marcas já é velho conhecido das revistas brasileiras e programas radialísticos, entretanto, a utilização das estruturas das redações com produção centralizada e mais institucionalizada para promoção de novos formatos de conteúdos para marcas apresentou robusta notoriedade e chamou a atenção de profissionais sobre o potencial que se descortinava. Um dos entrevistados, gerente de *branded content* de uma das empresas pesquisadas, revelou que antes de iniciar as atividades e lançar estúdios similares aos que estavam surgindo no mundo, visitou alguns que se preparavam para dar início às atividades de conteúdo de marca em 2014. Após observar as redações do *The New York Times* e a unidade do *The Guardian* dos Estados Unidos, ele afirma ter utilizado o processo para entender mais profundamente o mercado e a operação dos novos *hubs* que seriam implantados. A partir dessa experiência criou e implantou os núcleos nos jornais nesse modelo no país. O profissional foi responsável pela estruturação do negócio em pelo menos dois conglomerados de mídia noticiosa do Brasil.

Os grandes conglomerados de mídia costumam ter Estúdios ou *Labs* de conteúdo customizados que atendem a todos os veículos midiáticos da empresa, às vezes mais de um jornal impresso, além de sites, revistas, programas de TV e rádio, produtos como *podcasts*, entre outros. Os veículos figuram como os de maior número de tiragens[242] e acessos no país, tais

---

[240] HARDY, Jonathan. *Branded content*: the fateful merging of media and marketing. Routledge, 2021.

[241] Os estúdios estão diretamente atrelados a empresas de mídia conhecidas e com audiências fiéis, mais que simplesmente espaços genéricos de publicidade (Carlson, Locke, 2022).

[242] Conforme dados do IVC. Disponível em:https://www.poder360.com.br/economia/jornais-impressos-circulacao-despenca-161-em-2022/. Acesso em: 15 mar. 2023.

como: *O Globo, Valor Econômico, Estadão, Zero Hora, Estado de Minas,* utilizam núcleos que atendem a mais de um veículo, normalmente, atende a todos os produtos do conglomerado. Por exemplo, o O *GLab* é um estúdio que produz e publica conteúdo em mais de 20 títulos da *Editora Globo,* que compreende os jornais *Valor Econômico, O Globo, Extra, Expresso da Informação*[243], além das revistas da *Editora Globo* e outros produtos digitais, conforme Quadro 3.

Quadro 3 – Veículos e seus respectivos núcleos

Veículo	Nome do Núcleo
Tribuna	Branded Contents
Expresso da Informação	G.Lab
Extra	G.Lab
O Globo	G.Lab
Valor Econômico	G.Lab
Notícias do Dia (Florianópolis)	Branded Studio ND
Correio*	Estúdio Correio*
Folha de S.Paulo	Estúdio Folha
O Povo	O POVO Lab
Daqui	Branded Content (Infomercial)
O Popular	Branded Content (Infomercial)
Jornal da Cidade	Conteúdo de Marca
Diário Gaúcho	RBS Brand Studio
Pioneiro	RBS Brand Studio
Zero Hora	RBS Brand Studio
Aqui DF	Conteúdo de Marca (Projetos Especiais)
Correio Braziliense	Conteúdo de Marca (Projetos Especiais)
Aqui (Consolidado)	Conteúdo Patrocinado
Aqui MG	Conteúdo Patrocinado
Estado de Minas	Conteúdo Patrocinado
O Estado de S. Paulo	Blue Studio

Fonte: a autora

243 O *Expresso da Informação* deixou de circular em 15 de novembro de 2022 e foi unificado com o *Extra,* também da *Editora Globo.*

Dos 21 jornais que produzem conteúdo a partir de equipes exclusivas, foram encontrados veículos que utilizam estúdios compartilhados com outros veículos, sendo nesses casos um único *Lab* responsável por atender até 4 veículos da pesquisa simultaneamente, conforme o Quadro 3. Na pesquisa foram identificados 12 núcleos de criação para marcas que atendem a empresas informativas e alternam entre a palavra *Lab, Studio,* Estúdio, *Branded Content,* Conteúdo de Marca ou Patrocinado e Projetos Especiais.

O processo e a divulgação de customização dos serviços paras as marcas está diretamente atrelado ao entendimento de que esse núcleo, embora pertencente ao grupo midiático, opera de forma independente da redação e possui objetivos específicos. O discurso de independência e separação foi encontrado de forma abrangente a partir das entrevistas com os profissionais. Para sinalizar que se trata de um novo produto, muitos *Hubs* construíram suas marcas próprias, incluindo nome, logo, *slogan* e site, como apresentado na Figura 10.

Figura 10 – Representação gráfica das marcas

Fonte: a autora

Essas empresas têm investido em estruturas dedicadas à produção de *branded content,* oferecendo serviços de criação, produção e distribuição de conteúdo para marcas. Esses Estúdios ou *Labs* são especializados em desenvolver narrativas e formatos de conteúdo que se alinham às estratégias de comunicação das marcas, proporcionando uma abordagem mais integrada e promovem a publicação desses conteúdos nas mídias pertencentes aos conglomerados.

3.4 JORNALISMO DE MARCA BRASILEIRO: MODELOS DE NEGÓCIOS

De acordo com o levantamento realizado, entre as 38 empresas jornalísticas que produzem conteúdos de marca no país, mais da metade (cerca de 55%) conta com uma equipe exclusiva de *branded content*, evidenciando a existência de núcleos específicos dedicados a criação desses materiais. Uma abordagem comum para o jornalismo de marca é a criação desses estúdios ou departamentos específicos dentro das empresas de comunicação, dedicados exclusivamente à produção de conteúdo para marcas patrocinadoras. Essa configuração permite que a equipe esteja completamente focada na elaboração de conteúdo de marca e, ao mesmo tempo, possa lidar com os aspectos relacionados à gestão de desempenho, objetivos e estratégias das campanhas de conteúdo.

Adicionalmente, é notável que a força de trabalho do jornalismo de marca brasileiro é compreendida, em sua maioria, por profissionais de comunicação, jornalismo e publicidade/marketing. A integração de jornalistas e publicitários no contexto do jornalismo de marca pode ser observado a partir dos dados obtidos. Dos 21 Estúdios de conteúdo sob medida no Brasil, identifiquei o uso predominante de jornalistas e editores na composição de suas equipes. Das companhias mapeadas, 12 utilizam majoritariamente esses profissionais, contra nove empresas que tem como maioria especialistas de publicidade ou marketing, conforme Figura 11.

Figura 11 – *Labs* e profissionais em atuação

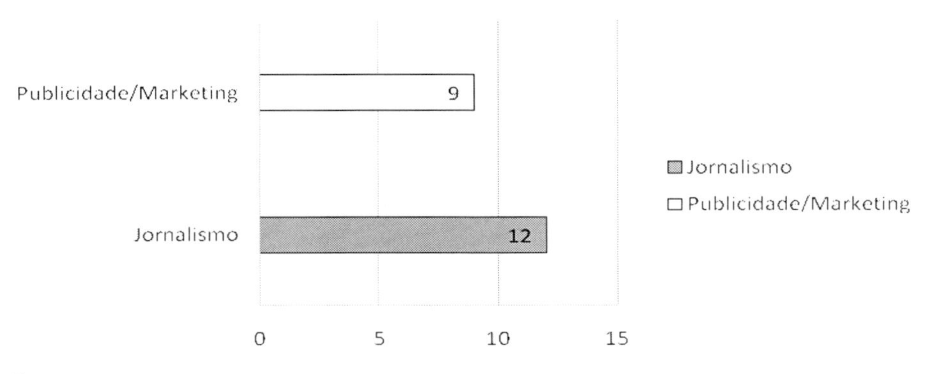

Fonte: a autora

O dado apresentado revela uma tendência predominante no uso de jornalistas e editores nas equipes de Estúdios de conteúdo sob medida no Brasil. Essa informação indica que a produção de conteúdo personalizado para marcas no país é frequentemente liderada por profissionais de jornalismo, levando em consideração a importância dada no jornalismo de marca às habilidades de contar histórias e informar. Por outro lado, também mostra que algumas empresas preferem concentrar seus esforços nas capacidades de especialistas em publicidade e marketing, conhecidos por utilizar técnicas persuasivas para promover produtos e serviços. Essa escolha entre os dois grupos de profissionais pode refletir as diferentes estratégias adotadas pelas empresas em relação à abordagem de comunicação com o público. A presença de jornalistas pode conferir maior credibilidade ao conteúdo produzido, enquanto especialistas de Publicidade e Marketing são valorizados pela capacidade de criar mensagens atraentes e impulsionar o envolvimento do público com a marca.

Outro aspecto relevante dessa colaboração é a convergência entre as mensagens promocionais e a narrativa editorial. A cooperação entre jornalistas e publicitários em uma equipe multidisciplinar dentro dos *Labs* pode propiciar uma comunicação mais alinhada. Essa sinergia entre profissionais com diferentes habilidades e conhecimentos pode resultar na produção de conteúdos mais alinhados com as necessidades e interesses dos consumidores, favorecendo o engajamento e a fidelização à marca. A credibilidade dos jornalistas, proveniente da expertise em apuração e redação, agrega valor ao conteúdo produzido, conferindo, em certa medida, confiança às mensagens promocionais. A experiência de contar histórias é um fator de destaque para que o processo não se limite a venda de uma marca, produto ou serviço, uma das características principais do jornalismo de marca, ressaltada pelos entrevistados.

> *A maioria dos clientes nos procuram por nossa experiência e também pela credibilidade que a empresa possui e que o grupo transmite em seus canais. Todo o material, sejam textos enviados pelo cliente ou não, passam pelo crivo do jornalismo para avaliar como será dito. O jornalismo verifica e corrige, um exemplo vem justamente do fato de autonomia que o jornal possui, se o cliente não concordar com as adequações ou possíveis mudanças o material não é publicado para preservar a imagem do jornal* (Executiva de contas jornal Nordeste, 2023).

Entre as formulações retóricas sobre o objetivo dos *hubs* está também o aproveitamento da audiência já existente nos canais do veículo de comunicação e o intuito de oferecer conteúdos de marca adaptados aos clientes que têm maior probabilidade de se identificar e se engajar com esse material. Dessa forma, o objetivo é estabelecer uma conexão mais natural e menos intrusiva com a audiência, evitando potenciais estranhezas ao se deparar com o jornalismo de marca. Nessa abordagem, os *hubs* selecionam os conteúdos que estejam alinhados com os interesses e necessidades da marca e atendam ao público-alvo do veículo e os ajustam para torná-los relevantes e atrativos para esse público em particular.

Essa estratégia visa integrar os conteúdos de marca de forma mais orgânica ao ambiente do veículo de comunicação, proporcionando uma experiência do usuário mais fluida e aumentando a eficácia das campanhas promocionais ao atingir um público mais segmentado e receptivo. Um gerente de *Hub*, por exemplo, ao mencionar a autonomia da criação do trabalho enquanto produto vinculado ao jornal, admitiu, entretanto, que apesar da equipe trabalhar livremente na criação do conteúdo, a aprovação final precisa ser da empresa contratada ou da assessoria de imprensa da marca.

Os dados mostram ainda que das 38 empresas que fazem conteúdos para marcas, as outras 17 empresas não possuem *hubs* exclusivos. Desse número, 71% das empresas utilizam os profissionais já existentes nos setores editoriais e comerciais, com jornalistas e editores realizando serviços também para o jornalismo de marca e os outros 29% dos veículos publicam conteúdos provenientes das próprias empresas contratantes, conforme Figura 12.

Figura 12 – Jornais que não utilizam *Labs* para produção de conteúdo

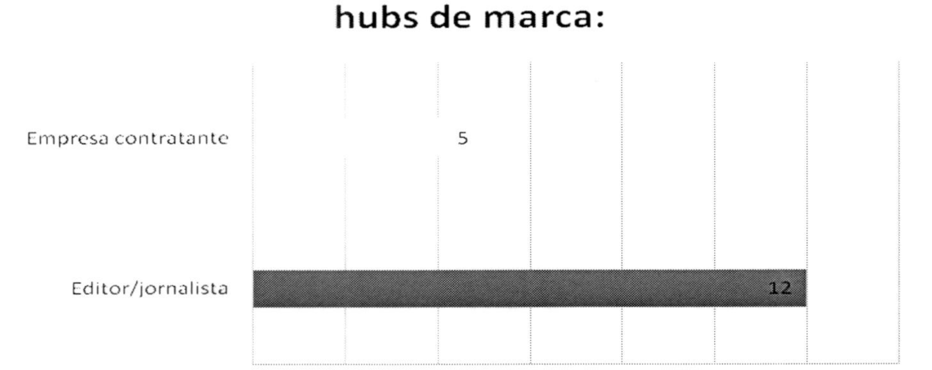

Fonte: a autora

Como podemos observar, cinco veículos de mídia afirmaram receber os textos para as matérias a serem publicadas em seus canais diretamente da empresa contratante e os outros 12 veículos de mídia relataram utilizar profissionais da equipe de redação convencional ou por meio de contratação de *freelancers* para produção do material.

Apesar do alto potencial de retorno financeiro proveniente da publicidade voltada para conteúdo de marca, a criação de um espaço e equipe exclusiva para essa produção pode enfrentar alguns desafios. Conforme o *Native Advertising Institute* (2023)[244], o investimento em conteúdo de marca pode ser mais oneroso do que estratégias tradicionais de marketing de conteúdo, especialmente quando se recorre a influenciadores ou profissionais especializados. Um ponto de atenção é a necessidade de profissionais qualificados para o sucesso dessa abordagem.

A produção de conteúdo de marca a partir de *Labs*, a exemplo dos jornais pesquisados, requer uma equipe multidisciplinar, composta por jornalistas, publicitários e outros especialistas de tecnologia e *design*, capazes de unir suas habilidades e conhecimentos para criar conteúdos especializados e alinhados aos interesses do público-alvo. A contratação de profissionais experientes pode implicar em um aumento dos custos operacionais para as

244 Disponível em: https://abrir.link/AwRQw. Acesso em: 25 jul. 2023.

empresas. Entre as empresas que optam por *Labs* exclusivos estão jornais com expressiva circulação impressa no país, com publicações diárias, e figuram entre os com maior tiragem nacional (totalizando dez veículos entre os 15 principais jornais brasileiros). Curiosamente, os veículos que adotam núcleo específico correspondem aos que cobram os maiores valores de assinatura nos combos impressos e digitais, chegando a custar R$ 199 reais os valores mensais de assinatura[245]. Em contraste, as empresas que não aderem aos Estúdios, ou seja, não possuem uma equipe exclusiva para produção de conteúdo de marca, oferecem combo de assinaturas com valor máximo de R$ 55 reais mensais. Essa distinção evidencia uma correlação entre a adoção de *Labs* e o posicionamento de preços praticados pelas empresas jornalísticas.

Em resposta ao questionário, os veículos de comunicação que não possuem núcleos exclusivos relataram que profissionais da redação ou *freelancers* contratados (jornalistas e editores) promovem a produção do conteúdo de marca, e uma parcela menor afirma receber os textos diretamente das empresas contratantes. Embora o formulário não abordasse as rotinas operacionais, as entrevistas ajudaram a entender os processos e o envolvimento dos profissionais na produção do material.

A equipe de trabalho no contexto do jornalismo de marca pode ser identificada a partir de diversas fontes. Incluem-se nesse grupo os ex-jornalistas que foram contratados especificamente para integrar o núcleo de produção de conteúdo, os *freelancers* terceirizados, cujos serviços são utilizados para atender demandas específicas a depender do cliente e produto, funcionários reaproveitados, ou seja, jornalistas, editores e publicitários internos da empresa que também contribuem para a produção de conteúdo de marca. Além disso, conteúdos são recebidos também por meio de assessorias de imprensa ou enviados diretamente pela própria empresa. Essa composição multifacetada da força de trabalho reflete a abrangência e flexibilidade do jornalismo de marca no Brasil, ao reunir profissionais com diferentes formações e origens para atender às necessidades de comunicação das empresas.

Apesar de apontar no mapeamento a predominância dos profissionais de comunicação, na produção do conteúdo, tais como jornalistas, editores, publicitários e afins, foram relatadas a presença de outros profissionais de imagem, dados, tecnologia, diagramação, estatística ou qualquer outro necessário para a produção do material.

[245] Conforme dados do IVC disponíveis em: https://abrir.link/HgMUz. Acesso em: 15 mar. 2023.

No âmbito do jornalismo de marca, as rotinas e técnicas de produção de notícias foram objeto de análise junto aos entrevistados, revelando semelhanças com as estruturas editoriais tradicionais. Nesse contexto, os *Labs* adotam estruturas semelhantes a redações, com reuniões de reportagem, equipes dedicadas a entrevistas, apuração e profissionais responsáveis pela redação das histórias, além de fotógrafos e um editor ou revisor-chefe. No entanto, é importante destacar que os *Labs* não estão necessariamente localizados fisicamente nas mesmas instalações das empresas que os abrigam. Por exemplo, o *GLab*, em 2023, divide suas operações entre Rio de Janeiro e São Paulo. O *Hub* conta com uma equipe fixa que é gerenciada com base em um *briefing* detalhado do material e nas competências e necessidades específicas para a produção de conteúdo. Os profissionais são acionados conforme a demanda, e, se necessário, novos profissionais podem ser contratados temporariamente para atender às demandas específicas do projeto. De forma similar, o *Estúdio Correio* opera de forma remota, mas também possui funções específicas dentro da estrutura profissional, incluindo editor geral, coordenação e direção.

Na busca por equilibrar os objetivos comerciais com os padrões jornalísticos, profissionais e gestores esbarram em algumas dificuldades nas novas rotinas empregadas, como explica um dos gerentes de marketing entrevistado: *"Jornalistas com pensamentos mais tradicionais apresentam uma resistência com esse tipo de conteúdo. Normalmente, os mais velhos. Entretanto, os mais jovens são menos resistentes e veem como uma boa possibilidade"*. Uma das executivas de contas entrevistada não discutiu a questão de forma explícita, mas sugeriu que as divergências poderiam ter acontecido antes, mas não atrapalhavam o desenvolvimento da operação hoje: "*no passado poderia afetar a relação com os jornalistas, da forma como era feito, mas hoje são conteúdos mais humanizados, têm fontes, têm matéria, reportagem*" e completa, *"os jornalistas ficam felizes em atuar em uma área que traz receitas"*.

A análise do tamanho das equipes envolvidas no processo de construção de conteúdo para marcas nas empresas de mídia informativa revela uma ligeira variação. A maioria das equipes é composta por cinco ou mais membros. Dentre os 21 jornais que possuem uma equipe exclusiva para produção de conteúdo de Jornalismo de Marcas, a distribuição é a seguinte: seis veículos de comunicação têm de um a cinco pessoas trabalhando; nove jornais contam com equipes compostas por cinco a dez pessoas e seis veículos de comunicação possuem mais de dez pessoas atuando em suas equipes, conforme demonstrado na Figura 13:

Figura 13 – Tamanho das esquipes de branded content

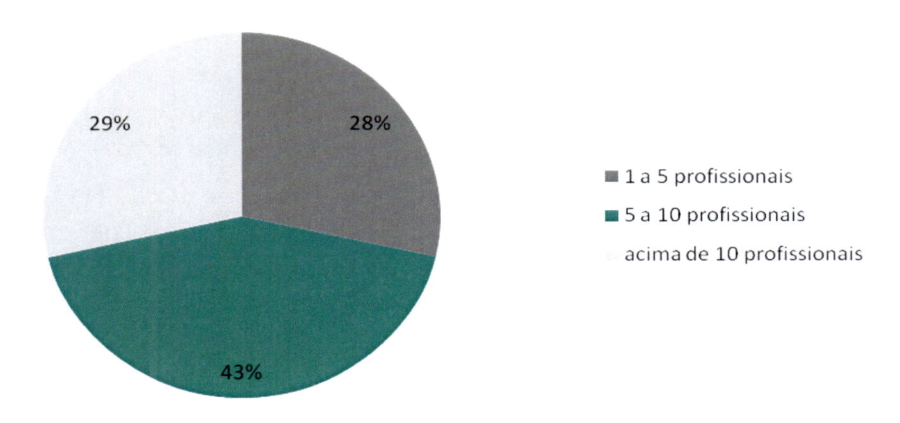

Fonte: a autora

O maior percentual de utilização de equipes envolvendo entre cinco e dez profissionais foi identificado em 43% dos jornais analisados. Entretanto, em relação aos outros 17 jornais que também participaram da pesquisa, não foi possível mensurar o número de profissionais envolvidos na confecção do conteúdo de marca. Isso se deve ao fato de que esses jornais não possuem uma equipe destinada exclusivamente para esse fim, recebem conteúdo da empresa contratante ou informaram que não elaboram jornalismo de marca.

A pesquisa contou também com entrevistas qualitativas realizadas em uma amostra baseada nas práticas organizacionais encontradas e representam desde grandes conglomerados de mídia a empresas locais e regionais do país. As entrevistas consistiram em encontros online (videoconferência), que ocorreram entre março e junho de 2023, com duração média de 25 minutos. Foram entrevistados profissionais de seis veículos midiáticos, sendo dois editores, gerentes de comunicação, ou executivos de contas de cada uma das práticas encontradas submetidos a entrevistas semiestruturadas. No início de cada abordagem os participantes foram informados de que não seriam identificados. O material foi utilizado para coletar dados sobre experiências e práticas dos escritórios, rotinas e responsabilidades, além do impacto no jornalismo de marca na contemporaneidade e questões éticas.

Pesquisas anteriores foram realizadas a partir de entrevistas com editores de notícias e veículos de comunicação em modelos europeus e americanos. Observei que elas estiveram focadas na avaliação dos discursos sobre novas normas profissionais jornalísticas, integração editorial-publicitária, além de práticas e ambições na produção desse tipo de conteúdo[246]. Os estudos forneceram uma contribuição significativa para este trabalho. Ressalto que tanto a abordagem quanto os resultados ajudaram a moldar nossa compreensão e foram valiosos para o nosso mapeamento.

Nas entrevistas realizadas para esta pesquisa, as/os entrevistados foram perguntados sobre práticas, funções, estrutura organizacional, e relação editorial-comercial, abordando as seguintes questões: Como as equipes de jornalismo de marca são estruturadas na sua organização? E como são definidos os temas a serem abordados? Como o jornalismo de marca usa a experiência das redações, as técnicas jornalísticas? E qual a linguagem utilizada no conteúdo? Como se articulam os departamentos, comercial e editorial? Com o avançar da entrevista a relação entre as práticas jornalísticas confirmadas no jornalismo de marca, abordo as questões seguintes sobre ética e sustentabilidade: Como se mensura o alcance do jornalismo de marca? As práticas afetam as rotinas dos jornalistas? Eles enfrentam questões éticas? De que forma essa fonte de receita impacta na sustentabilidade da organização? O roteiro serviu como guia para orientar, entretanto, a ordem poderia ser alterada, com pequenos ajustes nas questões a depender da prática organizacional de marca da instituição.

A amostra tem representatividade, além de englobar cada prática identificada. Os seis entrevistados são provenientes de empresas noticiosas distintas, de quatro diferentes regiões do Brasil: Norte, Nordeste, Sudeste e Centro-Oeste. Ocupam cargos como chefes de reportagem, gerentes de marketing e contas, além de coordenadores de *Labs*.

Ha um entendimento consonante entre os respondentes de que o produto feito pelas equipes não é necessariamente jornalismo, e sim um produto que atende a uma demanda crescente das marcas na procura por novos produtos que driblem o cansaço dos clientes dos *banners* e da publicidade explícita. Dois dos entrevistados afirmaram que a implantação de núcleos e equipes ocorreu para ocupar esse lugar de suprir as empresas, e

[246] Ver Cornia, Sehl e Nielsen (2020), Coddington (2015), Carlson (2015), Carvajal e Barinagarrementeria (2021) e Serazio (2019).

para seguir um movimento que já vinha sendo implantado em veículos de mídia mais conhecidos. Contudo, reforçam a necessidade de distinguir o papel e a importância do jornalismo para a democracia e sociedade.

> *O branded content não é jornalismo nesse sentido. Nós reconhecemos que jornalismo tem interesse público. A imprensa livre é fundamental para manutenção da democracia. A grande preocupação é que ela continue trabalhando para livre circulação das ideias e informações da população. Durante a pandemia foi a impressa livre no Brasil que informou a sociedade, invertendo a lógica de que se informam pelas redes sociais. A imprensa será livre se puder ser livre economicamente, e uma das maneiras é diversificação de receitas para além das assinaturas e da publicidade tradicional. O branded content tem se mostrado como alternativa para produção de receitas* (Gerente Lab Sudeste, 2023).

O uso da reputação da marca das empresas de notícias no processo de construção do *branding journalism* legitima a crença da construção de um novo negócio baseado nas relações entre mídia e sociedade. Apesar do *brand journalism* ter crescido exponencialmente por meio da disrupção tecnológica, e ser mais fortemente propagado pelos canais digitais, a identidade jornalística está no cerne da questão. Os Estúdios capitalizam a estima e a confiança que foram acumuladas pelo jornalismo, empregando sua reputação para aumentar a eficácia no contexto comercial. Isso influencia tanto a criação de notícias quanto a promoção de marcas. Enquanto os Estúdios têm o potencial de fortalecer as receitas das empresas de mídia, simultaneamente podem comprometer a independência editorial dos veículos. Os entrevistados costumam remeter o sucesso e a procura das marcas à tradição dos veículos de imprensa ao qual estão ligados. A situação é similar mesmo para as instituições que trabalham apenas com material no digital, mas que facilmente usam frases como "as empresas conhecem nossa história", "elas confiam no nosso jornal" e "o nosso DNA é de contar histórias e temos a premissa de passar informação ao leitor".

Embora as empresas de comunicação utilizem a palavra "credibilidade" e busquem legitimidade ao associar-se ao jornalismo, elas também procuram se distanciar do próprio conceito de jornalismo como uma instituição independente. Esse paradoxo pode criar uma situação controversa para as instituições de mídia e para os profissionais envolvidos. Essa dualidade pode ser interpretada como uma estratégia para aproveitar a reputação positiva e a confiança que o jornalismo tradicional possui junto ao público, mas, ao mesmo tempo, as empresas podem tentar evitar qualquer tipo de vínculo restritivo com as normas éticas e a autonomia editorial do jornalismo. Isso pode permitir uma maior flexibilidade para produzir conteúdos de marca, mas também pode gerar questionamentos sobre a integridade e independência das informações veiculadas.

Quando mencionadas as possíveis dúvidas ou confusão provocadas aos leitores na semelhança entre os conteúdos, anúncios e artigos de notícias regulares, a executiva de contas do jornal destaca não ver prejuízos "uma vez que as pessoas selecionam as matérias pela temática do material e não por ser ou não conteúdo publicitário". Apesar das crenças profissionais e dos esforços dos entrevistados em fazer perceber a distinção de notícias e conteúdo de marca, Coddington[247] reforça que as indústrias de publicidade são ágeis em declarar transparência dessa separação, mas que o valor é bastante ambíguo na prática, seja o de disfarçar o conteúdo publicitário enquanto notícia, ou de transformar publicidade em formas de consumo mais atraentes e devidamente rotuladas – entretanto ambos seriam conflitantes.

Isso vale em relação às medidas de desempenho do jornalismo de marca. A medição da audiência nos jornais impressos é geralmente feita por meio de pesquisas de circulação e leitura. No digital a audiência dos jornais pode ser mensurada por meio de ferramentas de análise de tráfego da web, que rastreiam os visitantes únicos, visualizações de página, tempo gasto no site entre outros dados. Já a medição da audiência do marketing nos jornais geralmente envolve métricas de desempenho do marketing e pesquisa de mercado, e pode incluir vendas de produtos, inscrições em um serviço ou visitas ao site da empresa. Quando perguntados sobre quais os parâmetros que medem especificamente o novo produto, os entrevistados apresentam um *mix* que vai desde o alcance e tiragens do jornal a métricas de marketing. Os discursos variam desde "avaliamos métrica de audiência em quantidade de visualizações/dia e interações do público com o conteúdo" a "avaliamos o sucesso do trabalho nos relacionamentos que conseguimos criar entre o público e o jornal".

---

[247] CODDINGTON, Mark. The wall becomes a curta *In:* Revisiting journalism's news–business boundary. *In: Boundaries of journalism*. Routledge, 2015. p. 67-82.

Arrese e Pérez-Latre[248] atribuem a lógica do jornalismo de marca a diferentes medidas de desempenho e métricas, que estão longe de serem atreladas apenas a cliques ou geração de *leads*, e estão muito mais ligadas a construção de relacionamentos. Embora destaquem que os parâmetros de avaliação de impacto dos meios de comunicação se assemelhem às demais ações de marketing como: medidas de tráfego, alcance, interatividade e circulação dos meios de comunicação de uma marca, os *Key Performance Indicators* (*KPIs*) de negócios de marca também passam por dois pontos paradigmáticos que são mais difíceis de avaliar no curto prazo: lançamento de novos produtos ou projetos e facilitações para situações de crise ou problemas gerados por mídias negativas.

Em 2018, nos estudos sobre jornalismo de marca analiso o *Estúdio Correio*, na Bahia, do jornal *Correio**. Um caso foi bastante emblemático e corrobora com os pontos paradigmáticos mencionados pelos autores. O fato estava relacionado a criação de uma "agenda" de notícias semanais patrocinadas por uma construtora, cujo nome não era mencionado em inúmeras publicações. No entanto, várias matérias destacavam determinada região da cidade com cobertura sobre o local em diferentes editorias, tais como: cidade, cultura e até mesmo educação. Por cerca de quatro meses foram publicadas em média duas matérias semanalmente, o que culminou com o lançamento de um projeto da empresa para construção de condomínio na região. Entretanto, o fato em si não era mencionado prioritariamente nas matérias.

Os lançamentos de produtos e projetos certamente apresentam relevância quando se pensa nas buscas pelas empresas no jornalismo de marca, entretanto calendários comemorativos e outras pautas são levantadas por algumas empresas de comunicação na busca por clientes.

> *Fazemos o levantamento de assuntos, possíveis pautas, observando calendário editorial e também assuntos que podem ser relevantes e interessantes para nossos clientes e inclusive prospectamos clientes com base nisso* (Executiva de contas Nordeste, 2023).

Um dos grandes desafios das equipes de jornalismo de marca gira em torno do equilíbrio entre a liberdade da equipe na promoção de pautas que sejam relevantes e alinhadas com os valores do veículo de comunicação e a consideração das necessidades dos clientes e suas metas.

---

[248] ARRESE, Ángel; PÉREZ-LATRE, Francisco J. 2.4 The Rise of Brand Journalism. *In:* SIEGERT, Gabriele, VON RIMSCHA, M. Bjørn, GRUBENMANN, Stephanie. *Commercial Communication in the Digital Age: Information or Disinformation?* Berlin, Boston: De Gruyter Saur, 2017. https://doi.org/10.1515/9783110416794.

> *Trabalhamos inicialmente com os interesses das empresas que buscam pelo nosso serviço. Captamos a mensagem geral e definimos possíveis pautas que estão sob aprovação do cliente. Não tivemos até um momento nenhum episódio de conflito total de interesse que impactasse na não publicação do material, talvez pelo reconhecimento das marcas sobre nossa expertise, mas certamente a palavra final será dela* (Gerente Lab Sudeste, 2023).

Frases com "linguagem do jornal" foram bastante utilizadas ao se referir a forma de construção das pautas pelos participantes, remetendo a uma preocupação de alinhamento entre o que as marcas desejavam e o que os leitores dos jornais esperam em suas publicações. A linha tênue se estabelece nas noções de comunicação com o público e no reconhecimento das diferentes instâncias comunicacionais. Em primeiro lugar, considerando a linguagem enquanto transmissor de significado, a compreensão envolve a consciência do comunicador de que a seleção de palavras e estruturas textuais contribuem para a compreensão do leitor sobre o objeto, no intuito de criação de vínculos e conexões, enquanto espaço de reconhecimento entre leitor e jornal, enquanto a persona das marcas, que engloba características demográficas, comportamentais, psicológicas do público que a marca deseja alcançar, tem foco na compreensão do público-alvo para adaptar as estratégias de marketing. A linguagem, nesse caso, é uma ferramenta usada para alcançar a persona da marca. Mesmo sem mostrar reconhecimento formal sobre linguagem na figuração de convenção linguística, os entrevistados apresentavam clareza sobre a necessidade de manter diálogos com o público dos jornais.

> *Nossa audiência é super alta, justamente porque conversamos com as audiências dos veículos. As marcas nos buscam por isso, então nos mantemos fiéis a isso. Nas redes delas elas falam com as personas delas, mas quando postamos em nossos veículos nós dialogamos com a audiência do jornal* (Gerente Lab Sudeste, 2023).

Esse é um entendimento comum: a busca pelo acordo pré-estabelecido entre os veículos e seus leitores. A executiva de contas destaca a procura de equilíbrio na relação com as marcas, mas também os limites para a empresa: *"a linguagem sempre será alinhada a do jornal. Às vezes em textos curtos e dinâmicos como os do site pode até se adequar a personalidade do cliente, mas nunca no impresso"*. Porém, o gerente de marketing de um dos jornais revelou: *"a linguagem é da marca (depende da persona) e não do editorial do jornal, para não ter um choque, optamos por títulos mais orgânicos, aquilo que é mais natural ao leitor do jornal"*.

A partir dos dados, mapeamento e entrevistas, as informações demonstram diferenças cruciais entre as práticas e as especificidades dos veículos que produzem conteúdo para marcas. A concepção das equipes, por exemplo, apresenta semelhanças em relação a pesquisas existentes que apontam para a predominância de jornalistas na produção de conteúdo. Quanto a utilização dos canais da empresa para divulgação dos conteúdos produzidos, de forma geral eles utilizam os convencionais, e a depender dos pacotes pagos pela marca poderem ou não utilizar redes sociais e outros formatos e chamadas para as matérias.

3.5 PRÁTICAS ORGANIZACIONAIS DO JORNALISMO DE MARCA NO BRASIL

A partir das práticas anteriormente mencionadas, entendo o jornalismo de marca como uma combinação de princípios do jornalismo com as estratégias de comunicação corporativa e marketing de conteúdo. No estudo, com base nos dados coletados e entrevistas foi possível se aprofundar nas práticas organizacionais do jornalismo de marca, no Brasil, promovido a partir de empresas midiáticas, investigando como as organizações estruturam suas equipes, processos e estratégias para criar e distribuir conteúdo relevante para marcas.

Os jornais brasileiros seguem no processo de adaptação às mudanças no panorama da mídia digital, com adoção de estratégias de *branded content* e *brand journalism* como podemos observar. Foram identificados, nas empresas analisadas, três diferentes práticas organizacionais, desde estruturas internas dedicadas exclusivamente ao jornalismo de marca até outros com abordagens mais colaborativas e terceirizadas. Como mostra a Figura 14, estes modelos foram categorizados da seguinte forma: Prática Independente: adotada por veículos que utilizam equipes exclusivas para a produção do conteúdo de marca; Prática Híbrida: promove uma integração maior entre equipes editoriais e comerciais, com a participação de jornalistas na produção dos textos; e Prática Complementar: prioriza o uso de conteúdos fornecidos pelas empresas contratantes, sendo revisados ou editados antes da publicação.

Figura 14 – Práticas Organizacionais do Jornalismo de Marca no Brasil

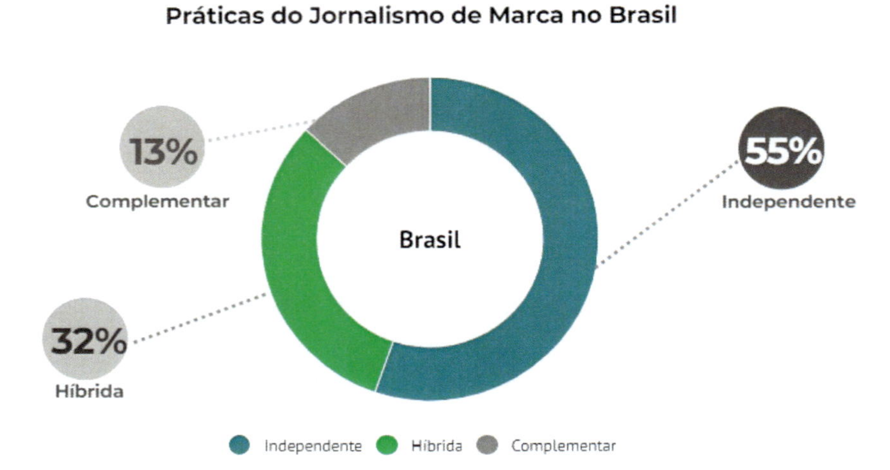

Fonte: a autora

Dos veículos midiáticos que adotam a prática no Brasil, a maioria se enquadra na Prática Independente, caracterizada por operar de forma mais autônoma em relação ao editorial do veículo noticioso. Nela foram identificadas equipes exclusivas para a produção de conteúdo de marca, em instância que também se encontram os *Hubs/Labs* e Estúdios. Essa categoria representa mais da metade (55%) dos veículos mapeados no país e são pertencentes à Prática Independente. Além disso, há 32% de veículos que operam no modo híbrido, com possíveis integrações entre equipes do setor comercial e editorial na produção de conteúdo para marcas. Por último, 13% das empresas adotam a Prática Complementar, focando mais na gestão do conteúdo, geralmente produzido pelas empresas contratantes.

Os resultados apontam para o delineamento de processos, estruturas e fluxos de trabalho adotados por essas organizações, com especial atenção às práticas organizacionais independentes, híbridas e complementares. Busquei identificar e destacar as características e proporções dessas práticas dentro do universo de veículos de comunicação mapeados. Essa análise permitirá uma compreensão mais aprofundada das práticas adotadas pelas empresas jornalísticas no contexto do jornalismo de marca, revelando as distintas abordagens empregadas para gerenciamento e integração do conteúdo destinado às marcas patrocinadoras.

3.5.1 Independente

Inicialmente, podemos relacionar o tamanho do veículo de comunicação ao fator principal para adequação das práticas, sendo o mais comum a adesão das empresas pertencentes a conglomerados de mídia brasileira à **Prática Independente.** Essa prática tem como característica principal a utilização de equipes exclusivas para produção do conteúdo para marcas. Os times são compostos por profissionais multidisciplinares: jornalistas, editores, fotógrafos, designer, além de profissionais de tecnologia e *freelancers*, se necessário, a depender do projeto.

Dos 21 jornais, 14 jornais utilizam equipes de *Labs* ou Estúdios que atendem a mais de um empreendimento, ou seja, atendem a grupos de mídia[249]. São eles: *Expresso da Informação*[250], *Extra, O Globo,* e *Valor Econômico* (*GLab*); *Daqui* e *O Popular* (*Branded Content - Infomercial*); Já o *Diário Gaúcho, Pioneiro* e *Zero Hora* (*RBS Brand Studio*); *Aqui DF* e *Correio Braziliense* (Conteúdo de Marca - Projetos Especiais); e os veículos *Aqui* (Consolidado), *Aqui MG* e *Estado de Minas* (Conteúdo Patrocinado). Cada *Lab* possui na equipe fixa aproximadamente dez pessoas, alguns com um número ainda maior de profissionais. O *GLab*, por exemplo, possui quinze profissionais fixos divididos entre Rio de Janeiro e São Paulo e contrata *freelancers* para realização de trabalhos específicos.

Os outros sete veículos possuem seus núcleos específicos, distribuídos da seguinte forma: *Jornal Tribuna* (*Branded Contents*), com cerca de cinco profissionais; os veículos *Notícias do Dia* (*Branded Studio ND*), *Jornal Correio** (Estúdio Correio*), *O Povo* (O POVO *Lab*) e *Jornal da Cidade* (Conteúdo de Marca) trabalham com equipes entre cinco e dez membros; já o *Folha de S.Paulo* (Estúdio Folha) e *O Estado de S. Paulo* (*Blue Studio*) possuem mais de dez pessoas na composição de suas equipes, conforme Quadro 4.

---

[249] Os veículos que fazem parte do mesmo conglomerado de mídia aproveitam os serviços oferecidos pelos estúdios de *branded content* da empresa. Um exemplo é o *GLab*, um estúdio responsável por criar e divulgar conteúdo em 22 títulos da *Editora Globo*, que incluem jornais e revistas, tanto impressos como suas versões digitais. Disponível em: https://www.aner.org.br/v2/anj-aner-informativo/branded-content-ja-gera-40-da-receita-de-publicidade-para-alguns-publishers.html. Acesso em: 27 jul. 2023.

[250] O *Expresso da Informação* deixou de circular no dia 15 de novembro de 2022 e foi unificado ao *Extra*, também da *Editora Globo*.

Quadro 4 – *Labs* exclusivos

<table>
<tr><th>Veículo</th><th>Nome do Núcleo</th></tr>
<tr><td>Tribuna</td><td>Branded Contents</td></tr>
<tr><td>Expresso da Informação</td><td rowspan="4">G.Lab</td></tr>
<tr><td>Extra</td></tr>
<tr><td>O Globo</td></tr>
<tr><td>Valor Econômico</td></tr>
<tr><td>Notícias do Dia (Florianópolis)</td><td>Branded Studio ND</td></tr>
<tr><td>Correio*</td><td>Estúdio Correio*</td></tr>
<tr><td>Folha de S.Paulo</td><td>Estúdio Folha</td></tr>
<tr><td>O Povo</td><td>O POVO Lab</td></tr>
<tr><td>Daqui</td><td rowspan="2">Branded Content (Infomercial)</td></tr>
<tr><td>O Popular</td></tr>
<tr><td>Jornal da Cidade</td><td>Conteúdo de Marca</td></tr>
<tr><td>Diário Gaúcho</td><td rowspan="3">RBS Brand Studio</td></tr>
<tr><td>Pioneiro</td></tr>
<tr><td>Zero Hora</td></tr>
<tr><td>Aqui DF</td><td rowspan="2">Conteúdo de Marca (Projetos Especiais)</td></tr>
<tr><td>Correio Braziliense</td></tr>
<tr><td>Aqui (Consolidado)</td><td rowspan="3">Conteúdo Patrocinado</td></tr>
<tr><td>Aqui MG</td></tr>
<tr><td>Estado de Minas</td></tr>
<tr><td>O Estado de S. Paulo</td><td>Blue Studio</td></tr>
</table>

Fonte: a autora

Como resultado, dos jornais aderentes à Prática Independente, observei que os 12 departamentos de produção de conteúdo de marca possuem em seus nomes as palavras Estúdio, *Studio, Lab, Branded content,* Conteúdo de Marca ou Conteúdo Patrocinado.

No contexto dos veículos de comunicação da Prática Independente, é relevante destacar que dentre os 21 jornais, dez deles têm grande circulação, ocupando posições entre os quinze jornais com maior tiragem no território brasileiro[251]. Notavelmente, no âmbito dessa prática, a utilização de equipes exclusivas para a produção de conteúdo destinado a marcas é uma característica proeminente. Apesar do *Branded content* gerar cerca de 40% da receita de publicidade para as empresas[252], é importante ressaltar que a implementação de tais equipes pode implicar em custos mais elevados quando comparada às estratégias tradicionais de marketing de conteúdo (*Native Advertising Institute, 2023*), o que justifica o enquadramento nesse modelo de empresas bem estabelecidas no mercado.

Outro fator relevante comum à Prática Independente é a ênfase na inovação. Em resposta à busca das empresas jornalísticas por estratégias lucrativas em plataformas digitais, a criação de laboratórios de inovação tem se mostrado uma opção viável, além de ser propícia para a condução de pesquisas, experimentações e implementações de inovações tecnológicas e editoriais. A diversificação em produtos e serviços para melhoria de receita, com destaque para o enfoque na associação a empresas de tecnologia, para oferta de serviços de internet ou outras soluções, além do desenvolvimento de aplicativos para dispositivos móveis, e experimentação de produtos e serviços online podem ser observados em veículos como *O Estadão, Folha de S. Paulo* e nos jornais vinculados ao *GLab* e ao *Grupo RBS*[253]. Essa escolha estratégica pode ser justificada pelo desejo de melhor competitividade no mercado.

Nesse contexto, na Bahia, seguindo o modelo de grandes jornais no país, o impresso *Correio**, promoveu uma grande reformulação há mais de 15 anos. Assumiu novo nome após uma reestruturação no *layout, design* e na apresentação das notícias em 2008. "Com a reformulação, o *Correio** conseguiu alcançar a liderança entre os jornais em circulação na Bahia"[254]. As alterações provocaram grandes mudanças no veículo, que passava por crise financeira na época, tornando-o líder em audiência na Bahia, à frente do concorrente, o jornal *A TARDE*. O *Correio** passou a ter páginas colori-

251 Conforme lista do IVC disponível em: https://abrir.link/HgMUz. Acesso em: 15 mar. 2023.

252 Disponível em: https://abrir.link/wEtHq. Acesso em: 15 mar. 2023.

253 Ver Spinelli (2017), Spinelli e Corrêa (2017) e Mielniczuk e Hennemann (2006).

254 ALBAN, Renato; BARBOSA, Suzana. Convergência jornalística e uso de bases de dados no trabalho jornalístico. Estudo do caso Correio*. *Estudos em Comunicação*, nº 13, p. 87 - 106, junho de 2013. p. 91.

das, tamanho que lembra tabloides e reportagens mais curtas, ampliação do espaço publicitário, além de ter o preço mais acessível. Em 2018, criou o *Estúdio Correio*, espaço para produção de conteúdo sob medida.

Outra característica observável nessa prática é uma maior adesão a "institucionalização" do atendimento ao serviço para marcas. Além de equipes trabalhando de forma independente das redações ou departamentos editoriais da empresa, a adesão por identidades próprias desses núcleos é observada. Comumente possuem logo, nome, identidade visual próprios, ainda que mencionem, eventualmente, a empresa que as acomoda no nome, como o *Estúdio Correio*, *Estúdio Folha* ou *O Povo Lab*. Nessa prática, uma das preocupações mais apontadas pelos entrevistados é a utilização de marcadores que possam promover uma distinção entre os conteúdos publicados pelo jornal e pela equipe exclusiva. Foi apontado que também por isso, para não criar dúvidas na audiência, eles optaram por implantar o Estúdio.

> *Temos gestores comercial e de marketing, coordenação, além de profissionais de jornalismo, com repórter e editor, temos editor chefe, gestores de projetos, analistas, equipe de comunicação para anúncios e peças, além de designer. Possuímos equipe fixa e contratamos freelancer quando necessário. Para não haver correlação dos leitores com a redação foi importante colocar como marca própria o nosso estúdio* (Gerente Lab Nordeste, 2023).

Apesar da consciência sobre a necessidade de sinalização adequada, os marcadores, quando utilizados pelos núcleos, apresentam variações em relação à forma de aplicação, nomenclatura e sinalização. Eventualmente utilizam logo do *Lab*, ou uma *tag* para chamadas na *home*, ou variam no formato de apresentação. Identifiquei distintas menções variando desde Conteúdo de Marca, Conteúdo Especial, *Branded Content* ou apenas logo com nome do *Lab*. Em outras ocasiões foram verificadas logo do *Lab* mais a marca da Empresa Contratante, Publieditorial, Conteúdo Patrocinado, Especial Publicitário, ou a expressão Apresentado por "Nome da Empresa" e Infomercial, como mostra a Figura 15.

Figura 15 – *Tags* e Marcadores utilizados pelos núcleos

Fonte: a autoria

Conforme observado, a inclusão das *tags* apresenta grande variação. Um mesmo jornal pode apresentar apenas *tag*, ou mesmo logo do *Lab*, em outros casos não sinalizar o conteúdo de marca com *tag* de produto patrocinado e mencionar apenas o Estúdio ou *Lab* ao qual o produto está vinculado no final ou início da matéria, ou mesmo incluir na categoria "publicitário" e destacar o núcleo que produziu, como apresenta a Figura 16.

Figura 16 – Comparativo produtos noticiosos

Fonte: captura de tela (2023)

A falta de padronização não está apenas na aplicação das *tags*, mas também na apresentação do material ao público. Alguns jornais, como percebido na Figura 18, espelham as condições imagéticas dos artigos de notícias regulares mesmo na produção de conteúdo de marca, utilizam tipografia e características similares nas páginas de notícias e de marca, com distinção apenas da *tag* e marca patrocinadora, ou logo do *Lab* responsável. Outros, no entanto, utilizam tipografia e tamanho de fontes diferentes e mencionam de forma destacada a marca patrocinadora, conforme exemplo na Figura 17.

Figura 17 – Diferenças entre publicações de produtos noticiosos

Fonte: captura de tela (2023)

Em suma, a Prática Independente se destaca pela consonância entre o tamanho do veículo e a adequação a categoria, sendo mais comum nas empresas pertencentes a conglomerados de mídia brasileira. Essa prática envolve a utilização de equipes especializadas exclusivas para a produção de conteúdo destinado a marcas, compostas por profissionais multidisciplinares. A implementação dessas equipes foi observada em empresas consolidadas no mercado. Além disso, a inovação é enfatizada por meio da criação de laboratórios de inovação para a realização de pesquisas e experimentos tecnológicos e editoriais, com ênfase na adesão de uma identidade própria pelos núcleos também, evidenciando a institucionalização do atendimento ao serviço para marcas. Todavia, a falta de padronização na sinalização e a semelhança entre os conteúdos editoriais e comerciais, ainda que produzidos pelos núcleos, são características preponderantes nos veículos analisados.

3.5.2 Híbrida

Na sequência, também identifiquei a **Prática Híbrida**, uma estrutura que promove uma integração maior entre equipes editoriais e comerciais, sendo a captação de clientes de marca e definição de conteúdo e alinhamento, na maioria das vezes, promovida pelo setor comercial/vendas, e a execução dos serviços realizadas por editores/jornalistas. Este grupo é predominantemente formado por jornais locais e regionais.

Dos 38 jornais que promovem jornalismo de marca no Brasil, 12 estão categorizados nessa prática, são eles: *A Tribuna, Correio do Estado, Diário do Pará, Folha de Londrina, Tribuna do Norte* (PR), *Correio do Povo, Tribuna do Norte, Cruzeiro do Sul, Jornal de Brasília, Na Hora H, O Tempo* e *Super Notícia.*

Nessa prática, o procedimento mais familiar consiste no emprego de jornalistas da empresa para a produção dos textos de marcas. Geralmente, as pautas são sugeridas pelas empresas contratantes e desenvolvidas na redação. Em formulário, os veículos responderam que não possuem equipes exclusivas para produção de conteúdo de marca. Ao perguntar sobre a rotina entre redação e o comercial no atendimento dos clientes, o jornal do Norte contemplado na pesquisa destaca: *"O comercial é que tem contato com o cliente e que fecha o plano de mídia. Após o cliente autorizar, enviamos as demandas para a redação produzir o conteúdo conforme as pautas sugeridas pelo cliente"* (Jornal Norte, 2023). Situação semelhante foi apontada por outro veículo da mesma prática no Nordeste: *"O comercial passa o briefing para a redação, quando a matéria é finalizada, é devolvida ao comercial para envio ao cliente, e só é publicada após o comercial autorizar com o aval do cliente"* (Jornal Nordeste, 2023).

É comum que jornalistas já renomados assinem os conteúdos de marca, dada a já mencionada experiência jornalística desejada na atividade, uma espécie de migração da mão de obra jornalística para produção de conteúdo para marcas. Serazio[255] reforça que a dependência comercial do trabalho jornalístico não é recente, e que as marcas já "precisavam de repórteres em meios de comunicação mais independentes para espalhar

[255] SERAZIO, Michael. Making (branded) news: The corporate co-optation of online journalism production. *Journalism Practice*, v. 14, n. 6, p. 679-696, 2020. p. 12, tradução nossa.

a palavra em seu nome, por meio de campanhas de relações públicas e marketing, e agora elas estão simplesmente importando essas capacidades internamente".

Apesar de contar com uma relativa autonomia dos profissionais na apuração de informações e na confecção do conteúdo, observa-se que a lógica comercial prevalece nos veículos de comunicação. De forma geral, o cliente possui a palavra final sobre o conteúdo produzido. A satisfação dos contratantes é uma preocupação constante para as empresas de mídia, uma vez que o formato de *branded content* representa aproximadamente 30% do faturamento total de publicidade de algumas delas, como aponta um dos entrevistados de um veículo do Centro-Oeste. Um dos analistas de marketing do jornal destaca que, com a digitalização das notícias, houve uma mudança na rotina do veículo, impactando a relação entre o departamento comercial e o editorial. Anteriormente, as notícias eram apenas reproduzidas no meio digital, muitas vezes em formato de notas rápidas. Entretanto, com a nova possibilidade de receita proveniente do *branded content*, a dinâmica foi revista.

Atualmente, no veículo em questão, os redatores recebem o *briefing* do departamento comercial sobre o cliente ou apuram possíveis pautas relacionadas à persona do jornal e vinculadas à marca em questão. Eles dedicam mais tempo à produção de conteúdo de marca em comparação com o informe publicitário ou com notícias editoriais, promovendo ações de marketing digital para melhorar o engajamento e o ranqueamento nas plataformas de busca, como SEO. A produção de conteúdo de marca envolve a colaboração de um jornalista da redação, e, se necessário, um fotógrafo é acionado. Essas mudanças refletem a adaptação das empresas jornalísticas ao cenário digital, buscando atender às demandas comerciais e, utilizando muitas vezes em seu discurso, a busca pela sustentabilidade financeira em meio às transformações no mercado.

Exceções no fluxo também foram encontradas: um dos entrevistados revelou que no início do trabalho com *brand journalism*, o conteúdo era produzido por jornalistas, mas por sentir a necessidade de linguagem publicitária ou de persuasão a prática foi alterada, sendo a primeira versão feita por um publicitário. Outro ponto diferencial desse veículo é também a maior produção de vídeos em comparação com outras empresas da mesma prática.

> *Estamos mais focados nas novas mídias e no digital, com maior produção de conteúdos em vídeos para redes sociais e esse trabalho para marcas feito com um olhar mais publicitário. Utilizamos as redes como Instagram, TikTok, Facebook e rotineiramente adaptamos a produção para cada uma delas para otimizar a aceitação pela plataforma* (Gerente de Marketing Jornal Centro-Oeste, 2023).

No entanto, apesar do aumento da produção audiovisual nesse veículo, essa prática não é predominante, sendo mais comum a publicação de notícias em formatos tradicionais nos sites das empresas. Em comparação à prática anterior, nota-se a dificuldade na identificação clara do conteúdo produzido para marcas nesses espaços, pois não há menção a *Labs* ou Estúdios que facilitem o mapeamento dessas publicações. A falta de padronização de *tags* é evidente, resultando em uma significativa diminuição na sinalização dos produtos destinados a marcas nos sites dos veículos nessa prática. A ausência de *tags* claras de conteúdo patrocinado foi identificada em cerca de ⅓ dos jornais dessa prática, dificultando a identificação rápida desses materiais. A similaridade dos produtos noticiosos pode ser observada na Figura 18.

Figura 18 – Similaridade entre produtos noticiosos

Fonte: captura de tela (2023)

A figura apresentada também evidencia a semelhança imagética entre as notícias de marca e as do editorial, ambas assinadas por jornalistas, sem menção específica ao patrocinador ou logo do grupo responsável pela produção, o que propicia a confusão entre o conteúdo editorial e o comercial e contribuiu para dificultar a apuração do produto. Em alguns veículos analisados, foi necessário recorrer às próprias empresas para solicitar os *links* das publicações desses conteúdos nas versões digitais ou impressas, buscando uma identificação mais precisa. Quando há menção ao teor comercial dos produtos, foram encontradas as seguintes *tags*: Informe Publicitário, Conteúdo de Marca, Conteúdo Patrocinado, Publieditorial Pago, Matéria Patrocinada.

Outro aspecto a ser considerado é a diferenciação estabelecida em determinados veículos entre o que é denominado como "Informe Publicitário" e o que é apresentado nos *Media Kits* como *Branded Content*. Nesse contexto, exemplificado por um veículo dessa prática situado na região Centro-Oeste, o "Informe Publicitário" dispõe de um *link* próprio, e as matérias nele inseridas claramente destacam a marca patrocinadora, em contraposição às publicações de Jornalismo de Marca. No veículo em questão, cerca de 90% do conteúdo veiculado sob o rótulo de "Informe" provém diretamente do cliente e é identificado como publicidade de maneira explícita, ao contrário do "*Branded Content*", que assume um formato mais similar às matérias editoriais, é produzido e assinado por jornalista da redação e não tem *tag* de sinalização, conforme representado na Figura 19.

Figura 19 – Comparativo Informe x Jornalismo de marca

Fonte: captura de tela (2023)

Apesar de sinalizada como fluida, a integração entre a redação e o setor comercial é desafiadora, especialmente quando produtos similares são apresentados com diferentes abordagens e configurações. Um exemplo controverso desse cenário ocorreu em um jornal que adota a Prática Híbrida, em que a falta de entendimento e diretrizes claras sobre a distinção de papéis e interesses, levou os setores editorial e comercial a confundir os leitores e o próprio cliente. Nesse caso, a equipe editorial produziu uma matéria denunciando o mau funcionamento de um convênio de saúde, enquanto simultaneamente, na mesma página e data, um "*branded content*" positivo sobre o mesmo convênio foi publicado. Embora ambas as matérias tenham sido elaboradas por jornalistas diferentes dentro da redação, essa situação passou despercebida pela direção e edição do veículo.

Em síntese, a Prática Híbrida representa uma abordagem que busca a integração entre os setores editoriais e comerciais nos veículos de comunicação. Caracterizado por uma maior cooperação entre essas áreas, essa prática é predominantemente adotada por jornais locais e regionais. O emprego de jornalistas da própria empresa para a produção de conteúdo de marca é uma prática recorrente, com as pautas muitas vezes sugeridas pelas empresas contratantes e desenvolvidas na redação. A colaboração entre esses dois setores é notável, onde o comercial tem um papel ativo na captação de clientes e alinhamento de conteúdo, enquanto a execução dos serviços fica a cargo dos editores e jornalistas. A relação entre o comercial e o editorial se mostra central na busca pela sustentabilidade financeira, principalmente com a ascensão do *branded content*, que representa parte significativa do faturamento publicitário de alguns veículos. No entanto, a ausência de definições prioritárias entre esses interesses pode levar a situações polêmicas. A necessidade de sinalização clara dos conteúdos de marca, mais padronizada e uma abordagem mais transparente na integração entre os setores editorial e comercial surgem como pontos importantes para garantir a qualidade e confiabilidade das publicações no contexto da Prática Híbrida.

3.5.3 Complementar

Ao explorarmos esses modelos, foi possível obter *insights* sobre as estruturas operacionais adotadas pelas organizações, tendo identificado, adicionalmente, a **Prática Complementar**. Neste caso específico, os jornais primordialmente empregam conteúdos oriundos das próprias empresas contratantes, de assessorias de imprensa ou agências responsáveis pelo atendimento das marcas, para posterior publicação em seus canais oficiais. Mesmo nos casos em que a própria empresa contratante fornece a totalidade do material, incluindo textos, imagens e vídeos, as entrevistas revelaram que o conteúdo passa por uma fase de revisão e edição realizada por editores e jornalistas das publicações, antes de ser efetivamente veiculado nas páginas dos jornais. Dentro do panorama dos 38 jornais brasileiros que promovem o jornalismo de marca, cinco deles adotam a Prática Complementar, sendo eles: *Meia Hora, O Dia, A Tarde, Massa* e *Folha da Manhã*.

No âmbito da Prática Complementar, uma ação amplamente adotada é a elaboração de um calendário de pautas relevantes e a busca ativa por clientes em potencial que possam contribuir com a publicação de conteúdo de marca, alinhando-se tanto com as sugestões de pauta quanto com datas comemorativas. De maneira consistente com os padrões observados nas práticas prévias, a identificação das publicações de marca nessa categoria carece de *tags* uniformes, apresentando uma variedade de designações, como indicativos de conteúdo patrocinado, conteúdo publicitário ou, em algumas situações, ausência de qualquer indicação, o que, por sua vez, levou-nos a solicitar os *links* correspondentes às publicações de marca. Nesse cenário, é possível constatar uma maior proporção de produtos assinalados como produzidos pela própria empresa contratante, como ilustrado na Figura 20.

Figura 20 – Produtos assinalados como produzidos pela empresa contratante

Fonte: captura de tela (2023)

As pautas podem ou não ser discutidas com equipe da redação e indicadas pelo comercial às empresas potenciais, entretanto após o fechamento do contrato e envio do material pela empresa contratante, o conteúdo passa por edição ou revisão do profissional do veículo antes da publicação nos canais da empresa. Para o entrevistado de um veículo do nordeste, a confecção do material pela redação é uma exceção:

> *Em 95% dos casos nós não fazemos o material. As empresas chegam com pauta específica e com texto pronto, geralmente elas já possuem equipe que produz e edita o material, mas se houver uma solicitação do cliente, ele precisar, o jornal disponibiliza um profissional para fazer* (Executiva de Contas Jornal Nordeste, 2023).

O modo de operação é similar nessa prática mesmo em jornais com equipes mais robustas ou veículos centenários. Embora seja a prática com menor adesão dos veículos envolvidos, ela é realizada em empresas que estão situadas em pelo menos em duas regiões do país, em três diferentes estados.

> *Quando a equipe de publicidade libera, o próprio editor confere e sobe o texto no site, com atenção para encaixar na editoria correspondente e se preciso fazer as alterações pertinentes. Normalmente, a produção do impresso é reutilizada no site* (Diretor de Redação jornal Sudeste, 2023).

Nas situações em que os textos não são elaborados pela própria empresa contratante, os entrevistados dentro dessa categoria indicaram que a criação do conteúdo para as marcas é predominantemente realizada por jornalistas e editores. Similarmente às práticas anteriores, os valores para o *branded content* são diversificados e apresentados nos *Media Kits* com considerável variação de preços, dependentes do veículo, região e dos elementos que compõem o conteúdo de marca. Embora esses valores estejam disponíveis online, é possível que eles variem após negociação direta com as empresas de mídia. A executiva de contas de um jornal do nordeste ressalta que não há custos adicionais quando o material é produzido diretamente pelo jornal, o valor é de publicação não de confecção.

A Prática Complementar se destaca por sua ênfase na incorporação de conteúdos fornecidos pelas próprias empresas contratantes, assessorias de imprensa ou agências, para posterior veiculação nos canais oficiais dos jornais. A prática de revisão editorial é proeminente, mesmo quando o material é integralmente fornecido pelas empresas, refletindo a busca contínua pela adequação a persona do jornal. A falta de uniformidade nas *tags* de identificação para conteúdos de marca é observada, assim como nas práticas precedentes. Embora tenha menor adesão em relação a outras práticas, sua presença é constatada em diversas regiões do país, demonstrando consistência operacional independente do tamanho ou tradição do jornal. Os valores de *branded content* nos *Media Kits* permanecem variáveis.

Em termos gerais, essas práticas organizacionais refletem as necessidades e objetivos das empresas de mídia ao implementar o *brand journalism*. A sinalização adequada do conteúdo comercial e a colaboração entre os setores editorial e comercial são questões importantes nesse contexto. Além disso, o reaproveitamento de jornalistas renomados e a migração da mão de obra jornalística são práticas comuns.

4

CONSIDERAÇÕES FINAIS

A pesquisa que compõe este livro buscou mapear e analisar as práticas do jornalismo de marca brasileiro, por meio de uma amostra de 40 jornais construída a partir da lista de veículos jornalísticos auditados pelo Instituto de Verificação de Circulação, no ano de 2022. A abordagem foi adotada em contraste com pesquisas que utilizam a técnica de análise de conteúdo como método principal, o que nos permitiu compreender os atores e produtos antes de prosseguir para análises mais específicas. Para tanto, compilei dados sobre presença ou não de *hubs* ou estúdios, utilização de equipes exclusivas para confecção do produto, bem como a percepção das equipes sobre o tipo de conteúdo que produzem. Além disso, apliquei questionários e realizadas seis entrevistas semiestruturadas com profissionais dos veículos e respectivos *Hubs*.

Seguindo uma trajetória de estudos em língua inglesa e espanhola que investigaram a integração de equipes comerciais e editoriais[256], assim como delinearam modelos de funcionamento para equipes de *branded content* na Espanha[257], conduzi este mapeamento com o propósito de esboçar um panorama inicial mais abrangente de compreensão do objeto no cenário brasileiro. Este esforço é particularmente relevante, considerando que, até o momento, uma investigação semelhante em jornais do país ainda não havia sido aplicada.

As análises dos dados apontam para um contínuo declínio na circulação de jornais impressos, conduzindo as empresas a explorarem alternativas visando a geração de receitas. Além disso, as mudanças tecnológicas e a automação afetaram os processos publicitários, levando profissionais de marketing e agências a adotarem estratégias de *brand journalism*. O objetivo observado, por parte das empresas, é compartilhar conteúdo multimídia e multiformato, aproximando-se mais da abordagem jornalística

[256] Em Cornia, Sehl e Nielsen (2020), Ferrer-Conil (2016) e Carlson (2015).

[257] CARVAJAL, Miguel; BARINAGARREMENTERIA, Iker. The Creation of Branded Content Teams in Spanish News Organizations and Their Implications for Structures, Professional Roles and Ethics. *Digital Journalism*, v. 9, n. 7, p. 887-907, 2021.

do que de campanhas publicitárias. Nesse contexto, a implementação de Laboratórios, Estúdios e *Hubs* de jornalismo de marca deriva como uma resposta estratégica para atender às necessidades tanto das marcas quanto das próprias organizações midiáticas, oferecendo conteúdo customizado. Esses espaços, operando de maneira autônoma, não apenas impulsionam o aspecto financeiro das empresas, mas também promovem uma abordagem contemporânea e atendem a espaços de inovação na cadeia midiática.

O jornalismo de marca está presente em todas as regiões do Brasil, mas é mais concentrado no Sudeste. A maioria das empresas de comunicação (95%) promove algum tipo de conteúdo para marcas patrocinadoras e utiliza seus canais para divulgação desses conteúdos. Mais da metade das empresas de notícia que produzem conteúdos de marca possuem equipes exclusivas para isso. A adoção por *Labs* exclusivos para conteúdo sob medida começou a surgir no país em 2014. O novo modelo de negócios se utiliza da autoridade assim constituída enquanto espaço institucional de produção noticiosa, embora sempre referenciando as empresas-raízes que os abrigam. Os custos de produção e divulgação de *branded content* no país podem variar significativamente, dependendo do formato e da empresa escolhida.

Embora, como destacado neste e em outros estudos, a integração entre mídia e publicidade não seja nova, a apreensão da institucionalização da integração editorial-publicitária tem levantado dúvidas sobre padrões éticos e profissionais e também sobre questões sobre conscientização do consumidor, aceitação da publicidade e consequências para a independência editorial da mídia.

A confluência entre as práticas jornalísticas e a comunicação de marca expõe um terreno intrincado e multifacetado. A evolução dos modelos de negócios na indústria midiática evidencia a busca por alternativas sustentáveis em um contexto de declínio contínuo na circulação de jornais impressos. Observei a existência de três práticas de jornalismo de marca no Brasil: Independente, Híbrida e Complementar. As ações pretendem atender às necessidades do mercado, das empresas de mídia e abraçar oportunidades de negócio ao mesmo tempo, criando um desafio comum de transparência e identificação clara para os leitores e refletindo a complexa interação entre práticas jornalísticas e interesses comerciais. O surgimento proeminente dos Estúdios de marca como estratégia para gerar receita adicional é notável, porém suscita tensões quanto ao impacto dessa transição sobre as características editoriais.

Apesar de crescente nos últimos anos, há lacunas nas pesquisas a serem exploradas sobre o objeto, entre elas a responsabilidade social e o potencial democrático do gênero. Se as pautas em sua maioria forem decididas e validadas pelas marcas, isso pode agravar problemas em setores minoritários e abordagens sociais? Para entender as relações entre os profissionais de jornalismo de marca ou os possíveis impactos nas práticas das redações, onde os modelos de trabalho preveem integração entre equipes, são necessários mais estudos ou pesquisas de campo. Pesquisas futuras podem ampliar as práticas organizacionais identificadas nesse livro e promover a ampliação do corpus para integrar outras organizações do ecossistema midiático, veículos e agências.

Outro ponto destacado recai sobre as preocupações éticas que permeiam essa área. A pesquisa demonstra que houve dificuldades para discernir entre conteúdo editorial e de cunho comercial, o que sublinha a necessidade de diretrizes inequívocas para a rotulagem a fim de evitar qualquer ambiguidade. Os resultados indicam que muitas marcas buscam utilizar o jornalismo de marca como uma ferramenta para construir narrativas sobre si mesmas e seus produtos, o que pode resultar em uma manipulação potencial do discurso jornalístico para objetivos promocionais. Além disso, é fundamental promover a conscientização e a formação ética de profissionais envolvidos no jornalismo de marca. A criação de regulamentação ou comitês independentes que avaliem e certifiquem a conformidade das práticas de jornalismo de marca com essas diretrizes também pode ser uma medida relevante.

Diante disso, proponho a inclusão de pilares específicos para a produção de jornalismo de marca, tais como: transparência, integridade e respeito às leis e normas. No que concerne à Transparência, torna-se imperativo que o conteúdo seja claramente identificado como patrocinado, permitindo ao público distinguir facilmente entre conteúdo editorial e conteúdo publicitário, incluindo a utilização de marcadores visuais distintos. A Integridade requer um compromisso com a produção de conteúdo honesto e autêntico, o que implica evitar informações inverídicas ou destinadas a confundir, ou enganar o público, com o compromisso também de evitar a propagação de *fake news* ou mensagens puramente mercadológicas. No que diz respeito às Leis e Normas, para assegurar práticas responsáveis, é imprescindível seguir as políticas e diretrizes dos códigos de ética e regulamentos aplicáveis ao jornalismo, publicidade e conteúdos patrocinados.

Em conclusão, os Estúdios e *Labs* representam um fenômeno no cenário midiático, capitalizando sobre a credibilidade do jornalismo para impulsionar conteúdo patrocinado. No entanto, essa influência amplificada levanta questionamentos quanto a conflitos de interesse e diluição dos princípios jornalísticos. Embora esses espaços institucionais ofereçam inovação e sustentabilidade para os veículos, é crucial mitigar os riscos de comprometimento da integridade editorial. A situação pode ser ainda mais desafiadora para os veículos que não possuem equipes exclusivas para produção de conteúdo de marca, divulgados em formatos muito similares a matérias convencionais pelos jornais sem as devidas identificações. A proposta apresenta uma aparente comercialização dos valores centrais do jornalismo, e torna ainda mais necessário assegurar que a produção noticiosa e a comunicação de marcas mantenham as devidas distinções como forma de garantir a qualidade informativa, a função democrática do jornalismo enquanto papel social, assegurando a confiança do público no consumo de conteúdos jornalísticos autênticos.

A problematização em torno do conceito de jornalismo de marca emerge da aparente semelhança formal com as matérias, apesar de suas fundamentais disparidades. Embora possa adotar características superficiais, como estilo de escrita e apresentação visual, a distinção reside nas motivações subjacentes. O jornalismo é orientado por diretrizes, normas e procedimentos éticos, calcado em relevância pública, enquanto o jornalismo de marca prioriza a promoção de produtos e a construção de narrativas favoráveis às marcas patrocinadoras. As motivações comerciais e os interesses das marcas podem interferir na independência editorial e nos compromissos inerentes ao jornalismo, incluindo o comprometimento nas situações em que os critérios de noticiabilidade são moldados para servir aos objetivos do Marketing e da Publicidade.

A utilização de jornalistas na produção de conteúdo diretamente a partir das redações provoca tensão sobre a integridade das práticas jornalísticas e emerge a necessidade de considerar uma prática ideal que assegure a separação efetiva entre as atividades. A promoção de equipes especializadas em jornalismo de marca, com Labs independentes das estruturas editoriais convencionais, se traduz como uma direção promissora para as organizações de comunicação. Essa abordagem, ao salvaguardar a autonomia jornalística, viabiliza a continuidade das operações das equipes editoriais sem a contaminação de interesses comerciais diretos. Concomitantemente, ela proporciona um ambiente propício para a experimentação, inovação e incubação de novas iniciativas empresariais. A contemplação dessa estratégia representa um passo de relevância no esforço de manter a integridade e a confiabilidade das práticas jornalísticas e, possivelmente, agrega mais transparência à comunicação das marcas.

REFERÊNCIAS

AGUIAR, Leonel. *Os valores-notícia como efeitos de verdade na ordem do discurso jornalístico*. Congresso Brasileiro de Ciências da Comunicação. São Paulo: Intercom, 2007.

ALBAN, Renato; BARBOSA, Suzana. Convergência jornalística e uso de bases de dados no trabalho jornalístico. Estudo do caso Correio*. *Estudos em Comunicação*, nº 13, p. 87 -106, junho de 2013.

ANDRADE, Ivanise Hilbig. *Construção de sentido no Jornalismo: operadores e estratégias de análise do discurso da imprensa*. Intercom–Sociedade Brasileira de Estudos Interdisciplinares da Comunicação 40º Congresso Brasileiro de Ciências da Comunicação - Curitiba (PR), 2017.

ARAÚJO, Marcelo Marques. *Brand Journalism* e *Branded Content*: diálogos (im) possíveis no jornalismo de marca. Intercom - Sociedade Brasileira de Estudos Interdisciplinares da Comunicação - 41º Congresso Brasileiro de Ciências da Comunicação. Joinville - SC: Intercom, 2018.

ARAÚJO, Marcelo Marques. *Brand journalism*: a comunicação empresarial em interface com jornalismo, publicidade e relações públicas. Congresso Brasileiro de Ciências da Comunicação, 2019.

ARRESE, Ángel; PÉREZ-LATRE, Francisco J. 2.4 The Rise of Brand Journalism. *In:* SIEGERT, Gabriele, VON RIMSCHA, M. Bjørn, GRUBENMANN, Stephanie. *Commercial Communication in the Digital Age*: Information or Disinformation? Berlin, Boston: De Gruyter Saur, 2017. https://doi.org/10.1515/9783110416794

BARBOSA, Suzana Oliveira *et al.* Professional profile of the contemporary digital journalist. *In:* DITZNGER, Thomas. *Estudos em Big Data*. Springer, Cham, 2022. p. 195-209. p. 206.

BAUER, Martin W.; GASKELL, George. *Pesquisa qualitativa com texto, imagem e som*: um manual prático. Editora Vozes Limitada, 2017.

BENETTI, Márcia. Jornalismo e perspectivas de enunciação: uma abordagem metodológica. *Intexto*: Revista do Mestrado da Comunicação UFRGS. vol. 1, n. 14 (jan./jun. 2006), p. 1-11, 2006. p. 2.

BORRAGINI, Hesley. *Nubank, XP Investimentos, Magnetis e mais: conheça as estratégias de conteúdo que se destacam no setor financeiro*. Blog RockContent, 2020. Disponível em: https://abrir.link/rAJQm. Acesso em: 17 abr. 2022.

BOURDIEU, Pierre. A economia das trocas linguísticas. *In:* ORTIZ, R. (org.). *Pierre Bourdieu*: sociologia. São Paulo: Ática, 1983. p. 156-183.

BOURDIEU, Pierre. *Sobre a Televisão*. Rio de Janeiro: Jorge Zaahar, 1997.

BRANDÃO, Elizabeth. Reputação corporativa: entre o digital e a ética. *In:* DUARTE, Jorge (org.). *Assessoria de Imprensa e relacionamento com a mídia*: teoria e técnica. 5a ed.rev. atual. São Paulo: Atlas, 2018.

BUENO, Thaisa; TORRES, Jessika. Jornalista e escritor, Leandro Marshall explica por que o Jornalismo está cada vez mais parecido com a Publicidade. *Revista Observatório*, v. 2, n. 5, p. 530-543, 2016.

BUENO, Wilson da Costa. *Comunicação empresarial: políticas e estratégias*. São Paulo: Saraiva, 2009.

BUENO, Wilson da Costa. *Comunicação empresarial no Brasil: uma leitura crítica*. São Paulo: All Print editora, 2005.

BUENO, Wilson da Costa. Crise reputacional e comunicação de marca: a estratégia da Odebrecht para "lavar" a sua imagem. *Revista FAMECOS*: mídia, cultura e tecnologia, v. 25, n. 2, p. 1-18, 2018.

BUENO, Wilson da Costa. *O jornalismo patrocinado como estratégia nos negócios*: rupturas e tensões no processo de comunicação de marca. Comunicação estratégica e integrada: a visão de 23 renomados autores em 5 países. Tradução. Brasília: Rede Integrada, 2020. Disponível em: https://abrir.link/EmxQe. Acesso em: 26 jun. 2023.

BULL, Andy. *Brand journalism*. Routledge, 2013.

CANCLINI, Néstor Garcia. *Leitores, espectadores e internautas*. São Paulo: Iluminuras, 2008.

CARLSON, Matt. When news sites go native: Redefining the advertising–editorial divide in response to native advertising. *Journalism*, v. 16, n. 7, p. 849-865, 2015.

CARLSON, Matt; LOCKE, Andrew. How News Organizations Sell Native Advertising: Discourses of Integration and Separation on In-House Content Studio Web Sites. *Journalism Studies*, p. 1-17, 2022.

CARVAJAL, Miguel; BARINAGARREMENTERIA, Iker. The Creation of Branded Content Teams in Spanish News Organizations and Their Implications for Structures, Professional Roles and Ethics. *Digital Journalism*, v. 9, n. 7, p. 887-907, 2021.

CARVAJAL, Miguel; PASTOR, José María Valero. Revenue streams within Spain's journalism industry, according to its editors. *Hipertext. net*, n. 17, p. 83-94, 2018.

CARVALHO, Claudiane. *A construção da notícia*: interseções entre jornalismo e comunicação estratégica. Salvador: SciELO-EDUFBA, 2019.

CHAPARRO, Manuel Carlos. Cem anos de assessoria de imprensa. *In:* DUARTE, Jorge (org.). *Assessoria de Imprensa e relacionamento com a mídia*: teoria e técnica. 5a ed.rev. atual. São Paulo: Atlas, 2018.

CODDINGTON, Mark. The wall becomes a curta*In:* Revisiting journalism's news–business boundary. *Boundaries of journalism*. Routledge, 2015. p. 67-82.

CONAR. Conselho Nacional de Autorregulamentação Publicitária. *Código Brasileiro de Autorregulamentação Publicitária,* 2021/2022. Disponível em: https://abrir.link/bKBUz. Acesso em: 12 ago. 2023.

CONAR. Conselho Nacional de Autorregulamentação Publicitária. Boletim do CONAR. *Código ganha anexo para publicidade de serviços de internet móvel,* 2017, p. 213. Disponível em: http://www.conar.org.br/pdf/conar213.pdf. Acesso em: 12 ago. 2023.

CORNIA, Alessio; SEHL, Annika; NIELSEN, Rasmus Kleis. 'We no longer live in a time of separation': A comparative analysis of how editorial and commercial integration became a norm. *Journalism*, v. 21, n. 2, p. 172-190, 2020.

CORRÊA, Elizabeth Saad; LIMA, Marcelo Coutinho. Negócios de mídia na era da midiatização: uma reflexão sobre os modelos de exposição e de interação. *Prisma. com*, n. 12, p. 26-52, 2010.

CORRÊA, Elizabeth Saad; SILVEIRA, Stefanie Carlan da; DREYER, Bianca Marder. *Tendências em comunicação digital*: volume 2. 2017.

CORRÊA, Elizabeth Saad. A plataformização das relações sociais: reflexões sobre a ressignificação da atividade comunicativa. *In:* FARIAS, Luiz Alberto de; LEMOS, Else; COULDRY, Nick. Do mito do centro mediado ao mito do Big Data: Reflexões sobre o papel da mídia na ordem social. *Comunicação Mídia e Consumo,* v. 16, n. 47, p. 407-431, 2019.

CORRÊA, Elizabeth. A plataformização das relações sociais: reflexões sobre a ressignificação da atividade comunicativa. *In:* FARIAS, Luiz Alberto de; LEMOS, Else; REBECHI, Claudia Nociolini (org.). *Opinião pública, comunicação e organizações*: convergências e perspectivas contemporâneas. São Paulo: Abrapcorp, 2020. p. 152-163. Disponível em https://abrir.link/vGNnS. Acesso em: 17 jun. 2022.

DAVIES, Jessica. *The Independent's hiring writers to do both native ads and edit content.* Digiday, 17 de março de 2016. Disponível em:https://digiday.com/media/independent-building-native-ad-team-tapping-journalists/. Acesso em: 12 ago. 2023.

D'VORKIN, Lewis. *How To Make A Splash With Brand Journalism.* Campaign, Haymarket Media Group Ltd, 29/05/2014. Disponível em: https://abrir.link/UBefq. Acesso em: 12 ago. 2023.

DE SOUZA MINAYO, Maria Cecília; DESLANDES, Suely Ferreira; GOMES, Romeu. *Pesquisa social*: teoria, método e criatividade. Editora Vozes Limitada, 2011.

DUARTE, Jorge; MONTEIRO, Graça. Potencializando a comunicação nas organizações. *Comunicação organizacional*: linguagem, gestão e perspectivas, v. 2, p. 333-359, 2009.

DUARTE, Jorge (org.). *Assessoria de Imprensa e relacionamento com a mídia*: teoria e técnica. 5. ed.rev. atual. São Paulo: Atlas, 2018.

DUARTE, Jorge Antônio Menna. Estratégia em comunicação. *In:* FÉLIX, Joana D`Arc Bicalho. (org.). *Comunicação estratégica e integrada*: a Visão de 23 Renomados Autores em 5 Países. Brasília: Editora Rede Integrada, 2020.

EKSTRÖM, Mats; WESTLUND, Oscar. The dislocation of news journalism: A conceptual framework for the study of epistemologies of digital journalism. *Media and Communication*, v. 7, n. 1, p. 259-270, 2019. p. 259.

FENAJ. Federação Nacional dos Jornalistas Brasileiros. *Código de ética dos jornalistas brasileiros*, 2007. Disponível em: https://abrir.link/nSWJT. Acesso em: 14 ago. 2023.

FARIAS, Luiz Alberto de; LEMOS, Else; COULDRY, Nick. Do mito do centro mediado ao mito do Big Data: Reflexões sobre o papel da mídia na ordem social. *Comunicação Mídia e Consumo*, v. 16, n. 47, p. 407-431, 2019.

FERRER CONILL, Raul. Camouflaging church as state: An exploratory study of journalism's native advertising. *Journalism Studies*, v.17, n. 7, p. 904-914, 2016.

FERRER-CONILL, Raul *et al.* The visual boundaries of journalism: Native advertising and the convergence of editorial and commercial content. *Digital Journalism*, v. 9, n. 7, p. 929-951, 2021.

FERREIRA, Daniela Pires; ROCHA, Liana Vidigal. O Branded Content como estratégia de financiamento no webjornalismo: uma análise de conteúdo do Estúdio Folha. *Revista Alterjor*, v. 24, n. 2, p. 33-55, 2021.

FERREIRA, Giovandro Marcus. Estudos de Comunicação: da enunciação à midiatização. *Intexto*, p. 101-117, 2016.

FIGUEIREDO, António Dias. À descoberta do Jornalismo de nova geração. *In:* PEIXINHO, Ana Teresa; CAMPONEZ, Carlos; VARGUES, Isabel Nobre; FIGUEIRA, João. *20 Anos do Jornalismo contra a indiferença*. Coimbra: Imprensa da Universidade de Coimbra, 2015.

FRANCISCATO, C. E. *Limites teóricos e metodológicos nos estudos sobre noticiabilidade*. Associação Nacional dos Programas de Pós-Graduação em Comunicação. Anais do 11° Encontro Anual da COMPÓS, 2014. Disponível em: https://bit.ly/3SXWLKH. Acesso em: 12 jun. 2021.

GIL, Antônio Carlos *et al. Como elaborar projetos de pesquisa*. São Paulo: Atlas, 2002.

HARDY, Jonathan. *Branded content*: the fateful merging of media and marketing. Routledge, 2021.

HARDY, Jonathan. Commentary: Branded content and media-marketing convergence. *The Political Economy of Communication*, v. 5, n. 1, 2017. p. 81, tradução nossa. Disponível em: https://bit.ly/3WVnY25. Acesso em: 15 abr. 2023.

HJARVARD, Stig. *A midiatização da cultura e da sociedade*. São Leopoldo (RS): Editora Unisinos, 2014.

HOOFNAGLE, Chris Jay; MELESHINSKY, Eduard. Native Advertising and Endorsement: Schema, Source-Based Misleadingness, and Omission of Material Facts (15 de dezembro de 2015). *Ciência da Tecnologia*. 2015121503. 15 de dezembro de 2015., Disponível em: https://abrir.link/hTSto. Acesso em: 15 abr. 2013.

INTERACTIVE ADVERTISING BUREAU. *Native Advertising Playbook 2.0*, 2019. Disponível em: https://encurtador.com.br/u72pK. Acesso em: 23 mar. 2022.

INTERACTIVE ADVERTISING BUREAU. *IAB Brasil divulga dados inéditos sobre o investimento em publicidade digital no país, 2021.* Disponível em: https://abrir.link/urXvD. Acesso em: 22 mar. 2022. p. 868.

KLEIN, Naomi. *Sem logo*: a tirania das marcas em um planeta vendido.7ª ed. São Paulo: Record, 2009.

KUNSCH, Margarida. Comunicação Organizacional: contextos, paradigmas e abrangência conceitual. *MATRIZES*, São Paulo, ECA-USP, v. 8, n. 2, p. 35-61, jul./dez. 2014.

KUNSCH, Margarida. Relações públicas e planejamento da comunicação estratégica nas organizações. *In:* CARVALHO, Claudiane; SAMPAIO, Adriano de Oliveira; FERREIRA, Giovandro Marcus. *Comunicação estratégica e gestão de marcas*. Salvador: EDUFBA, 2023.

LEE, Kyung. *The rise of brand journalism*: Understanding the discursive dimensions of collectivity in the age of convergence. University of Pennsylvania, 2015.

LEHTO, Markus; MOISALA, Vili. Defining Branded Journalism, *Retrieved*, v. 15, p. 2014, 2014.

LEMOS, Cláudia; GÁUDIO, Rozália del. Publicações jornalísticas. *In:* DUARTE, Jorge (org.). *Assessoria de Imprensa e relacionamento com a mídia*: teoria e técnica. 5a ed.rev. atual. São Paulo: Atlas, 2018.

LIGHT, Larry. Brand journalism is a modern marketing imperative. *Advertising Age*, 2014.

LISBOA, Silvia; BENETTI, Marcia. *Credibilidade no jornalismo*: uma nova abordagem. *Estudos de Jornalismo e Mídia*, v. 14, p. 51-62, 2017.

MARSHALL, Leandro. *O jornalismo na era da publicidade*. Summus Editorial, 2003.

MARSHALL, Leandro. A estética da mercadoria jornalística. *Biblioteca On-line de Ciências da Comunicação*, 2007. Disponível em: https://www.bocc.ubi.pt/pag/marshall-leandro-estetica-mercadoria-jornalistica.pdf. Acesso em: ago. 2023.

MATOS, Michelle. *Jornalismo de marca, que bicho é esse?* Quando o namoro entre o jornalismo e a publicidade promove a reconfiguração do campo midiático. Trabalho de conclusão de Curso (Especialização). Universidade Federal da Bahia, Salvador, 2018.

MATTEO, Stéphane; ZOTTO, Cinzia Dal. Native advertising, or how to stretch editorial to sponsored content within a transmedia branding era. *In:* SIEGERT, Gabriele; FORSTER, Kati; CHAN-OLMSTED, Sylvia M; OTS, Mart. (ed.). *Handbook of media branding*. Springer, 2015. p. 169-185.

MIELNICZUK, Luciana; HENNEMANN, Gustavo. *As características do jornalismo digital nos webjornais do Grupo RBS.* Anais do 29º Congresso Brasileiro de Ciências da Comunicação - Brasília. São Paulo: Intercom. 2006.

MONTEIRO, Graça França. A notícia institucional. *In:* DUARTE, Jorge (org.). *Assessoria de Imprensa e relacionamento com a mídia*: teoria e técnica. 5a ed.rev. atual. São Paulo: Atlas, 2018.

MUNIZ, Eloá; DO SUL, Rio Grande. *Discurso publicitário e produção de sentido.* Intercom- Congresso Brasileiro de Ciências da Comunicação. 2005.

NAPOLI, P. M. The platform beat: Algorithmic watchdogs in the disinformation age. *European Journal of Communication*, v. 36, n. 4. 2021. p. 376–390. p. 2.

PEREIRA, F. H.; ADGHIRNI, Z. L. O jornalismo em tempo de mudanças estruturais. *Intexto*, Porto Alegre, n. 24, p. 38–57, 2011. Disponível em: https://bit.ly/4cvAomR. Acesso em: 24 ago. 2023.

POELL, Thomas; NIEBORG, David; VAN DIJCK, José. Plataformização. *Fronteiras - estudos midiáticos*. São Leopoldo, v.22, n.1, p. 2-10, 2020. p. 4. Disponível em: https://abrir.link/LiDWD. Acesso em: 11 ago. 2023.

PULIZZI, Joe. *Content Inc.* Nova Iorque: McGraw-Hill Education, 2015.

ROSA, Roberto. *How content strategy and content marketing are separate but connected.* Content Marketing Institute, 2013. Disponível em: ROSA, Roberto. *How content strategy and content marketing are separate but connected.* Content Marketing Institute, 2013. Disponível em: https://bit.ly/4dw5ps6. Acesso em: 16 ago. 2023. Acesso em: 16 ago. 2023.

REBECHI, Claudia Nociolini (org.). *Opinião pública, comunicação e organizações:* convergências e perspectivas contemporâneas. São Paulo: Abrapcorp, 2020. p. 152-163. Disponível em: http://portal.abrapcorp2.org.br/livros-abrapcorp/Livro_Opiniao-Publica.pdf. Acesso em: 4 ago. 2023.

RUBIM, Michelle M.; ANDRADE, Ivanise. H. *Jornalismo de Marca:* O uso da credibilidade jornalística na produção de conteúdo publicitário. 44º Congresso

Brasileiro de Ciências da Comunicação - Intercom, 2021. p. 16. Disponível em: https://bit.ly/46SdvbY. Acesso em: 11 ago. 2023.

SALAVERRÍA, Ramón. Los labs como fórmula de innovación en los medios. *Profesional de la información,* v. 24, n. 4, p. 397-404, 2015.

SAMPAIO, Adriano de Oliveira. *A Marca São Paulo em manifestações audiovisuais.* Uma análise do posicionamento discursivo dos VT's de autopromoção da cidade pela SPTURIST. Intercom - Sociedade Brasileira de Estudos Interdisciplinares da Comunicação, 41, 2018.

SCHAFER, I. *Atlantic's Scientology as crossed the line.* CNN, 2013. Disponível em: https://edition.cnn.com/2013/01/16/opinion/schafer-atlantic-scientology-ad/index.html. Acesso em: 23 ago. 2023

SCHAUSTER, Erin E.; FERRUCCI, Patrick; NEILL, Marlene S. Native advertising is the new journalism: How deception affects social responsibility. *American behavioral scientist,* v. 60, n. 12, p. 1408-1424, 2016.

SCHUDSON, Michael. *Descobrindo a notícia*: uma história social dos jornais nos Estados Unidos. Petrópolis, RJ: Vozes, 2010.

SEIXAS, Lia; BORGES, Jussara. Do que se trata noticiabilidade. *Intexto,* Porto Alegre, UFRGS, n. 38, p. 157-172, jan./abr. 2017.

SEIXAS, Lia. Valores Notícia: uma proposta de análise. *Revista Observatório,* v. 4, n. 4, p. 334-366, 29 jun. 2018.

SEMPRINI, Andrea. *A marca pós-moderna*: poder e fragilidade da marca na sociedade contemporânea. 2. ed. São Paulo: Estação das Letras e Cores, 2010.

SERAZIO, Michael. *Your Ad Here: The Cool Sell of Guerrilla Marketing.* Nova Iorque: New York University Press, 2013.

SERAZIO, Michael. As outras notícias 'falsas': ideais profissionais e ambições de objetividade no jornalismo de marca. *Jornalismo,* v. 22, n.6, 2019. p. 6. https://doi.org/10.1177/1464884919829923

SERAZIO, Michael. Making (branded) news: The corporate co-optation of online journalism production. *Journalism Practice,* v. 14, n. 6, p. 679-696, 2020.

SERAZIO, Michael. How news went guerrilla marketing: a history, logic, and critique of brand journalism. *Media, Culture & Society,* v. 43, n. 1, p. 117-132, 2021.

SHEWAN, Dan. *Native advertising examples: 5 of the best (and worst)*. WordStream (blog), 2020. Disponível em: https://bit.ly/3AtlErf. Acesso em: 17 ago. 2023.

SILVA, Gislene. Para pensar critérios de noticiabilidade. *Estudos em jornalismo e Mídia*, Florianópolis, 2005. Disponível em: https://periodicos.ufsc.br/index.php/jornalismo/article/viewFile/2091/1830. Acesso em: 14 jun. 2021.

SILVA, Gislene. O fenômeno noticioso: objeto singular, natureza plural. *Estudos em Jornalismo e Mídia*, v. 6, n. 2, p. 9-15, 2009.

SILVA, Gislene. A engrenagem da noticiabilidade no meio do redemoinho. *Revista Observatório*, v. 4, n. 4, p. 308-333, 2018.

SPINELLI, Egle Müller. Tipos de inovação nas empresas informativas e a relevância da dimensão social. *Contemporânea Revista de Comunicação e Cultura*, v. 15, n. 1, p. 64-80, 2017.

SPINELLI, Egle Müller; CORRÊA, Elizabeth Saad. Reinventar, valorar e fortalecer: estratégias de inovações em modelos de negócio nas organizações jornalísticas. *Comunicação & Inovação*, v. 18, n. 36, p. 79-94, 2017.

TASCÓN, Mario; PINO, Ivan. *Brand journalism e reputação corporativa*. Lisboa: Llorente & Cuenca, 2014. Disponível em: https://abrir.link/LGeSJ. Acesso em: 24 maio 2023.

TRAQUINA, Nelson. *Teorias do Jornalismo*: porque as notícias são como são. 3. ed. Florianópolis: Insular, 2018.

TUTAJ, Karolina; VAN REIJMERSDAL, Eva. A. Effects of online advertising format and persuasion knowledge on audience reactions. *Journal of Marketing Communications*, v.18, n.1, p. 5-18, 2012.

VAN DJICK, Jose. A Sociedade da Plataforma: entrevista com José van Dijck. *Site DigiLabour*, 2019. Disponível em: https://abrir.link/DoafV. Acesso em: 13 ago. 2023.

VERÓN, Eliseo. *El análisis del contrato de lectura*. Les Medias: Experiences, 1985.

VERÓN, Eliseo. *Fragmentos de um tecido*. São Leopoldo: Editora Unisinos, 2004.

WOJDYNSKI, Bartosz W. Native advertising: Engagement, deception, and implications for theory. *In:* BROWN, R.; JONES, V. K.; WANG, B. M. (ed.). *The New Advertising: Branding, Content and Consumer Relationships in a Data-Driven Social Media Era*. Santa Barbara, CA: Praeger/ABC Clio, 2016. p. 203-236.

WOJDYNSKI, Bartosz W. Advertorials and native advertising. *The International Encyclopedia of Journalism Studies*, p. 1-6, 2019.

WOJDYNSKI, Bartosz W. Native advertising: Engagement, deception, and implications for theory. *The new advertising*: Branding, content and consumer relationships in a data-driven social media era, p. 203-236, 2016.

WOJDYNSKI, Bartosz W.; GOLAN, Guy J. Native advertising and the future of mass communication. *American Behavioral Scientist*, v. 60, n. 12, p. 1403-1407, 2016.

WANG, Ye; LI, You. Understanding "native advertising" from the perspective of communication strategies. *Journal of Promotion Management*, v. 23, n. 6, p. 913-929, 2017.

ZOZZOLI, Jean Charles Jacques. A marca diante das novas práticas midiáticas. *Pensamento & Realidade*, v. 25, n. 2, 2010.